Doutor Desafio

Sergio Vilas-Boas

Doutor Desafio

A *história de Luiz Alberto Garcia,*
empreendedor interiorano
que enfrentou governos militares
e competidores globais

Copyright © 2012 Editora Manole Ltda., em coedição com a Algar Universidade de Negócios – UniAlgar.

Projeto gráfico e diagramação: Departamento Editorial da Editora Manole
Capa: Departamento de Arte da Editora Manole
Ilustração: José Ferreira Neto

Dados Internacionais de Catalogação na Publicação (CIP)
(Câmara Brasileira do Livro, SP, Brasil)

Vilas-Boas, Sergio
Doutor desafio / Sergio Vilas-Boas. – Barueri, SP : Minha Editora, 2011.

ISBN 978-85-7868-050-3

1. Empresários - Biografia 2. Garcia, Luiz Alberto 3. Grupo Algar (Empresa) - História I. Título.

11-11616   CDD-338.04092

Índices para catálogo sistemático:
1. Empresários : Biografia 338.04092

Todos os direitos reservados.
Nenhuma parte deste livro poderá ser reproduzida, por qualquer processo, sem a permissão expressa dos editores.
É proibida a reprodução por xerox.
A Editora Manole é filiada à ABDR – Associação Brasileira de Direitos Reprográficos

1ª edição – 2012

Editora Manole Ltda.
Avenida Ceci, 672 – Tamboré – 06460-120 – Barueri – SP – Brasil
Tel.: (11) 4196-6000 – Fax: (11) 4196-6021
www.manole.com.br | info@manole.com.br

Impresso no Brasil | *Printed in Brazil*

Este livro contempla as regras do Acordo Ortográfico da Língua Portuguesa de 1990, que entrou em vigor no Brasil em 2009.

...um Perfil é um fragmento biográfico – uma interpretação relativamente concisa feita com entrevistas, descrições, incidentes e anedotas (ou alguma inexprimível combinação de tudo isso e mais alguma coisa)...
David Remnick

Sumário

Biografias que inspiram • IX

A missão • 1

Ser, sendo • 23

Nascer, crescendo • 61

Fazer, sabendo • 97

Agir, mudando • 133

Pensar, vislumbrando • 177

Agradecimentos • 201

O grupo • 203

Marcos históricos das telecomunicações • 205

Biografias que inspiram

Maílson da Nóbrega

CONTAR HISTÓRIAS DE sucesso é difundir lições valiosas e contribuir para o desenvolvimento político, social e econômico de uma nação. Não é à toa que as biografias se destacam na edição de livros dos países desenvolvidos, nos quais níveis mais elevados de educação e curiosidade aumentam a demanda por obras desse tipo.

Nas minhas incursões em livrarias no exterior a partir dos anos 1970, aproveitando viagens oficiais, percebi o apreço por obras desse gênero. Nos Estados Unidos, até hoje surgem novas biografias dos seus pais fundadores, que viveram mais de dois séculos atrás. Em Londres, onde trabalhei de 1985 a 1987, constatei como as pessoas que vivem grandes experiências contam sua história: políticos, juízes, servidores públicos, líderes empresariais, banqueiros, profissionais liberais, escritores, artistas, esportistas.

Este livro cumpre duplamente tal função. Narra, ao mesmo tempo, a história de uma empresa e a da família responsável por seu êxito. E que história! O leitor verá como uma família de imigrantes portugueses foi capaz, em apenas três gerações, de construir um dos mais importantes grupos empresariais do Brasil, dotado de compromissos sociais evidentes e considerado por seus colaboradores um dos melhores locais para se trabalhar.

A matriz dessa saga é Alexandrino Garcia (1907-1993), que chegou ao Brasil com 12 anos de idade. As poucas posses da família levaram-no a trabalhar, inicialmente, como auxiliar de limpeza e, mais tarde, como servente de pedreiro, enquanto suas irmãs eram empregadas domésticas. Alexandrino enveredou pela mecânica, trabalhou em oficina e enfrentou uma variedade de serviços que o qualificaram, ainda moço, para os desafios e as oportunidades do interior brasileiro.

A marca fundamental de Alexandrino era o empreendedorismo. Aos 22 anos, já havia fundado um posto de serviços e uma empresa de beneficiamento de arroz. Aos 40 anos, tornou-se líder na comunidade empresarial de Uberlândia, onde, em 1953, foi eleito presidente da Associação Comercial, Industrial e Agropecuária. Nessa época (1954), resolveu participar, como acionista, da recém-criada Companhia de Telefones do Brasil Central (CTBC), mais tarde conhecida como Companhia de Telecomunicações do Brasil Central. A CTBC mudou a sua vida, de seus filhos e da cidade, e Alexandrino logo assumiu o controle da empresa, que veio a ser o cerne de suas atividades.

Enquanto Alexandrino empreendia e assumia riscos, seu filho mais novo, Luiz Garcia, estudava Engenharia Elétrica e Mecânica na Escola de Engenharia de Itajubá. Luiz não participou do processo de aquisição e controle da CTBC, mas foi o braço direito de seu pai e esteio da contínua ascensão do Grupo. Diante do infortúnio do AVC sofrido por seu pai em 1988, Luiz assumiu a liderança.

Conheci Luiz Garcia em 1977, quando eu começava minha trajetória no Governo Federal como chefe da Assessoria Econômica do Ministério da Indústria e do Comércio. Ele estava à frente da X-Tal do Brasil, primeira empresa brasileira a produzir fibra ótica. A empresa estava "mal das pernas" e ele atendeu a um apelo do Governo para assumir o controle. Mais tarde, encontrei-o em reuniões com líderes empresariais, quando eu exercia o cargo de Ministro da Fazenda.

Em 1997, recebi a visita de Luiz Alexandre Garcia, o primogênito de Luiz, que me convidou para integrar o Conselho de Administração da Algar. O pouco que eu conhecia da história do Grupo era o suficiente para saber de sua competência e seriedade. Aceitei. As reuniões eram em Uberlândia.

Permaneci 5 anos na função, que deixei pela dificuldade crescente de conciliar meus inúmeros compromissos com os deslocamentos para participar das reuniões. Ao longo desse tempo, aprendi muito sobre o Grupo e sobre sua impressionante diversificação. Além das telecomunicações, a Algar opera em ramos que não se complementam, como agronegócio, taxi aéreo, turismo, jornal, televisão, transporte urbano etc. Eu havia aprendido que as empresas devem ter foco no seu *core business* e, por isso, imaginei que aquela dispersão poderia, em parte, explicar as dificuldades que o Grupo enfrentava. Estava enganado. Há empresas e empresas.

Constatei que grande parte da diversificação do Grupo tem origens distintas de outros grupos que se expandiram horizontalmente, em cuja empreitada muitos fracassaram. A busca de outras atividades foi estimulada pela percepção de que os ímpetos estatizantes no campo das telecomunicações levavam o governo militar a adquirir as empresas privadas do ramo. Alexandrino e Luiz prepararam-se para resistir às investidas, mas, por via das dúvidas, saíram à caça de novas oportunidades.

Um aspecto marcante do Grupo foi sua capacidade de se viabilizar diante de um poderoso concorrente. O sistema Telebrás, o "Golias", dispunha de recursos financeiros, técnicos e políticos muito superiores aos da CTBC, o "Davi" das telecomunicações. Nascido quando a oferta de crédito engatinhava, a empresa expandiu seus serviços além de Uberlândia e do Triângulo Mineiro, chegando a São Paulo e a Goiás. Sustentava sua expansão vendendo telefones de porta em porta. Era o mecanismo rudimentar de autofinanciamento, pelo qual o cliente pagava a linha antes de recebê-la.

A diversificação, a ousadia e os instintos de expansão de Alexandrino e Luiz Garcia, ao lado das crises recorrentes da economia brasileira, cobraram o seu preço. O Grupo passou por maus momentos, pondo à prova a determinação, a coragem e a capacidade empresarial de seus líderes. No pior desses momentos, a clarividência de Luiz Garcia o levou, numa atitude rara em um grupo familiar, a convidar, em 1988, o executivo italiano Mario Grossi para assumir a direção de todos os negócios.

Este livro relata tensões do período de Mario, em que conviviam as dificuldades financeiras, a complexidade dos negócios e a dura experiência, vivida por Luiz, de se tornar presidente do Conselho de Administração e se afastar do dia a dia das empresas. Luiz não perdeu, no entanto, o papel fundamental de estrategista, que exerceu e continua exercendo. Ele contribuiu para o êxito da mudança e para convencer a família e muitos dos colaboradores do Grupo quanto ao acerto de entregar o comando a um estrangeiro.

O novo arranjo gerencial jamais inibiu a capacidade de enfrentar desafios. O Grupo preparou-se para participar da privatização das telecomunicações, concorrendo com gigantes de outros países. Venceu, com a ATL, o leilão da telefonia celular nos Estados do Rio de Janeiro e do Espírito Santo e associou-se à sueca Tess na operação de telefonia no interior do Estado de São Paulo. O primeiro feito gerou bons resultados, mas o segundo tornou-se fonte de sérios problemas financeiros.

Cheguei ao Conselho de Administração em março de 2000, quando o Grupo digeria os efeitos dessas incursões em telecomunicações. Mario Grossi já havia deixado o comando, depois de promover uma reestruturação que hoje todos entendem como revolucionária e benéfica. Ele era um dos membros do Conselho. Depois de uma rápida passagem de outro estrangeiro, o sueco Gunnar Vickberg, o CEO passou a ser José Mauro Leal Costa.

Nesse período, aprendi a admirar os dotes empresariais de Luiz Garcia e sua impressionante visão de futuro. Seu apetite pelo conhecimento transportou-o ao mundo para vivenciar novas experiências, fazer sua pós-graduação e frequentar cursos especializados em Harvard, na Georgetown University e no International Institute for Management Development, na Suíça. Sua curiosidade e arguta observação permitiram-no trazer inovações importantes para as atividades do Grupo.

Graças à liderança de Luiz Garcia, o Grupo Algar tornou-se pioneiro na introdução de produtos, processos e avanços tecnológicos no Brasil, desde o primeiro edifício inteligente até a primazia na implantação do sistema pré-pago na telefonia celular. Sua liderança espalhou-se além do Grupo, sendo posta a serviço da comunidade empresarial e do Brasil. Luiz fundou e/ou presidiu importantes associações de classe, do agronegócio às telecomunicações.

Fui testemunha de uma demonstração inequívoca de sua penetrante inteligência, rara intuição e visão estratégica no episódio da discussão sobre a venda dos serviços de telefonia celular do Grupo. Os estudos apontavam a conveniência do negócio, então visto como saída para resolver de vez os problemas financeiros. O Conselho de Administração, em reunião da qual participei, aprovou a operação diante da firme opinião contrária de Luiz Garcia.

A insistência dele em realçar o erro da operação chegava a incomodar. José Mauro levou adiante o projeto e esteve prestes a concluí-lo. Razões explicadas nesta obra mostram por que o negócio não foi concretizado, mas hoje estou convencido de que a resistência de Luiz, que chegou a ameaçar interferir com o objetivo de inviabilizá-lo, foi o motivo determinante. O tempo mostrou que ele estava certo. O avanço da tecnologia reservou mais futuro à telefonia celular que à fixa.

As inovações de Luiz Garcia no campo gerencial respondem por boa parte do êxito do Grupo. Uma das mais importantes foi a criação de incentivos ao desenvolvimento das pessoas, entre os quais se destaca a bem-sucedida Universidade Algar. Os colaboradores das empresas constituem os "talentos humanos".

Sempre achei essa denominação interessante, mas somente agora, com a leitura desta biografia, entendi seu significado maior. Por que não "recursos humanos"? "Matérias-primas, máquinas, dinheiro etc. são recursos. Mas o ser humano não pode ser tratado como um prego ou uma cadeira. Um talento é, na verdade, uma inteligência", afirma Luiz.

Luiz Garcia é isto: um empreendedor diferenciado, inovador, criativo, comunicativo, apegado a princípios éticos inarredáveis, líder admirado e eficaz. Quem o vê sem saber o que ele representa dificilmente acreditará que o andar desengonçado, o sotaque inconfundível e a simplicidade contagiante podem abrigar um dos melhores e mais bem-sucedidos empresários brasileiros.

A leitura de sua biografia é uma oportunidade para entender a brilhante trajetória dele e do Grupo e para sorver ensinamentos úteis, de natureza tanto empresarial quanto familiar e afetiva.

São Paulo, abril de 2011.

A MISSÃO

SVB *(Sergio Vilas-Boas): Como seria o primeiro capítulo da sua história?*
LAG *(Luiz Alberto Garcia): Pensaria em alguma coisa que prendesse, como em* A lanterna na popa *(mas o Roberto Campos, apesar de inteligentíssimo, era americanófilo demais).*

O RONCO DAS hélices do Embraer Xingu E-121 é harmonioso e estável. Sentamos de frente um para o outro. "Fale o mínimo possível", digo a mim mesmo. Ele veste calça jeans com elastano clareada, camisa pólo Lacoste azul-bebê e botas. Estou de calça de brim preta, camisa vinho de mangas compridas e tênis. Nos bolsos, além de documentos, trago um pequeno bloco de notas e uma caneta. Assumi o compromisso de não saber qual é a programação deste sábado (31 de julho de 2010).

Até hoje, tivemos apenas dois *tetê-à-tête*. Em ambos, sr. Luiz comportara-se de modo tão fraternal quanto prudente.

— Cê trouxe chapéu?
— Não – respondo com curiosidade.

De nós oito (seis passageiros, piloto e comandante), apenas ele e Celso estão usando chapéu – daqueles de pescador, com uma cordinha para amarrar no pescoço, mais ou menos na altura do pomo de adão. O do sr. Luiz é de sarja, bege claro, ventilado no cocuruto. O de Celso é preto, com um protetor de nuca que lembra um turbante árabe.

Uma hora e pouco depois de decolarmos de Uberlândia, o piloto inicia o procedimento de descida numa pista de terra no meio do cerrado, às portas do Centro-Oeste. Oficialmente, julho é inverno, assim como em Porto Alegre, Curitiba, São Paulo etc. Mas aqui significa 28°C às 10 da manhã, céu homogeneamente azul, pasto cor de palha, baixíssima umidade e poeira, muita poeira.

Três homens esperam-nos à beira da pista, próximos a um caminhão Ford F-4000 e a uma picape cabine dupla. Os arredores não correspondem de forma alguma às fantasias que criei noite passada no hotel: nada de casa com piscina olímpica, cães de raça imensos ou churrasqueiras fumegantes.

Apontam-me o Ford. Escalo a carroceria, mas o sr. Luiz tem dificuldade. Incomodam-no os joelhos e o quadril. Aos 75 anos, os cabelos rareiam e branqueiam. Na parte dianteira da carroceria, perto da boleia, há duas cadeiras azuis de escritório estofadas, uma ao lado da outra. Os quatro pés de uma delas foram amarrados com cordas aos ganchos da carroceria. A outra cadeira não tem braços e está solta.

— É o Papamóvel – ele diz, acomodando-se no "assento do Papa" (a cadeira amarrada).

Apoia as mãos no estribo. Os pelos prateados abundantes de seus braços fortes refulgem ao sol, evidenciando ainda mais o Rolex de ouro.

Walter, Haroldo, Nivaldo e Marcos (último a embarcar) apertam seus traseiros em tábuas atravessadas. "É a segunda classe", alguém brinca. Celulares? Mudos (para desconforto do Walter). Os funcionários da fazenda não param de falar.

— Vamo, gente. Vamo!

A frase soa como meia-palavra para bom entendedor. A repercussão é imediata. Márcio liga o motor. Da carroceria, acenamos para o Celso, que não foi conosco. Ajeitou seus molinetes, suas iscas e suas varas na picape. Enquanto estivermos fazendo aquilo de que não faço ideia, ele estará provavelmente pescando ou, talvez, cochilando sob uma sombra.

A picape levanta poeira numa direção e o Ford, em outra.

— Cê não trouxe nem um boné? – sr. Luiz me pergunta novamente.

Dessa vez, porém, ele fornece algumas reações sutis à minha negativa: um tremor de sobrancelha, um franzir de testa, um esgar. No mais, parece indiferente à minha presença. Ocupa-se apenas de sua "missão".

— Não concordo muito com isso aí – ele diz ao Haroldo, que lhe explicava as alternâncias de ciclo dos pastos.

Primeiro ano, pasto; segundo, lavoura; terceiro... Entramos no Retiro 1, Pasto 37.

— Ué! Até você sem chapéu? – sr. Luiz pergunta ao Haroldo, com espanto.
— Prefiro assim – o diretor da Algar Agro corta.

E dispensando atenção total ao presidente, acionista majoritário do Grupo, continua: terceiro ano, pasto. Quarto...

O agronegócio é importante na receita das empresas Algar, mas o forte são as telecomunicações. Essa fazenda no município de Paranaíba (MS) é das mais antigas. Alexandrino, pai de sr. Luiz, comprou-a nos anos 1970.
O caminhão esfalfa-se, sacoleja, sacode. Parece uma nave sendo lançada ao espaço. Um rastro horizontal de pó vermelho transforma o passado em nuvem. Meus garranchos tendem ao ininteligível. Nivaldo diz que os bois daqui têm brincos com códigos de barras. Provoco o presidente:

— Ainda assim, é uma atividade bem diferente de uma telefônica, né?
— Mas isso aqui diverte mais – ele replica matreiramente, sem tirar os olhos do infinito.

As estradas correm rente às cercas que delimitam cada retiro, cada pasto. As paradas para abrir porteiras são uma oportunidade para que a poeira nos ultrapasse e entranhe até nos nossos testículos. Com o motor em marcha lenta, consigo escutar melhor as conversas, mas parece que sr. Luiz e os agrônomos preferem falar com barulheira.
O Ford acelera de novo.

— Qual é a diferença entre ordenha e lactação, Haroldo?
— Ordenha é..., lactação é... – o diretor explica. Não capto.
— A gente precisa ter um gráfico das ordenhas, não?

A atenção do sr. Luiz fixa-se numa revoada errática de anuns.

— E temos – Haroldo afirma.
— Mas é um gráfico único que mostra o total das três ordenhas diárias – Nivaldo explica. – Não temos gráfico por ordenha.

Sr. Luiz vira-se para mim, em voz alta, desejando que seu diretor o ouça:

— Esse é o tipo do sujeito que nunca diz não para o que eu peço, mas, no fim das contas, só faz as coisas do jeito dele, sabe? Isso, quando faz.

Haroldo ri discretamente.
O motorista faz um giro de 90° numa esquina de cercas. Embrenha-nos por trilhas que cortam uma porção de mata preservada.

— Antes de existir lei, meu pai já dizia que era preciso conservar um quarto da mata nativa. Agricultura é conhecimento, sabedoria. Não é qualquer coisa, não.

Temos de nos abaixar para evitar que os cipós chicoteiem nossas testas.

— Até porque boi não é só carne, leite e couro. É liquidez. Precisando de dinheiro, você vende rápido, embolsa, resolve seu problema. Aqui, há 9 mil cabeças. Quanto vale? Ah, a arroba do boi gordo está 80. Cada um dos nossos, aqui, renderia uns 1.400 reais.

Já longe da mata fechada, somos interceptados por uma árvore atravessada. O caminhão tem de dar marcha à ré e tomar um desvio.

— Será que foi raio?

Ninguém me ouve.

— É a terceira vez que venho aqui e vejo essa árvore. Por que cês não tiraram ela do caminho ainda?

Certas perguntas de presidente são irrespondíveis. Haroldo, dando a entender que a culpa era de outra pessoa, disse:

— Mas não é possível!
— Vamos resolver isso – responde Nivaldo.
— É mesmo, a árvore – comenta Marcos.

Numa porção de terra dessa magnitude (dezenas de milhares de hectares), não faltam medidas e providências a serem tomadas.

— Cês preferem abrir o desvio que tirar a árvore dali.

Passadas duas horas de inspeção, talvez ninguém pense mais em observações como "tem um boi sozinho ali, perdido", "cerca rompida, não pode..." ou "bebedouro sem água não serve para nada".

A paisagem repete-se: cerrado, pasto esturricado, cercas, bebedouros, currais e, de vez em quando, rebanhos. Tudo me parece organizado, metódico e racional. Mas sou um ser urbano com parco entendimento do campo. Sei que estamos no Mato Grosso do Sul, nas bordas daquelas três pontas que o unem a Goiás e Minas Gerais. Essa convergência fica às margens do lago formado pelos rios Paranaíba e Aporé, que alimentam a hidroelétrica de São Simão, da Cemig.

A atividade solar ao meio-dia é debilitante. Sinto a pele do crânio tão tostada quanto amolecida. Apesar de tudo, ainda há espaços não conquistados pela Luz das Luzes – por exemplo, uma estreita sombra criada pelo perfil de um tufo de árvores tortas. Minhas costas estão simplesmente moídas. (Insisti para me incluírem na programação, à qual aderi às cegas, por opção.)

Márcio desliga os motores sob a tal sombra. Ele e Marcos descem caixas com pães, queijo branco, bolo de fubá, refrigerantes, água mineral, garrafas térmicas de café e de leite, pratos e copos descartáveis. Sr. Luiz come com a mesma boca boa com que saboreou (disseram-me) uma *paella* num restaurante *cult* das Ilhas Canárias.

Depois do lanche, entre um e outro diálogo genérico, caminhamos até a beira do lago. Desgastes nos joelhos (com reflexos no quadril) endureceram a cintura do presidente. Hoje, ele ergue os pés do chão apenas o suficiente para passos curtos, que penteiam o capim seco e baixo. Anda com as mãos para trás, como se estivesse algemado. Os quatro dedos direitos agarram o médio e o indicador esquerdos, num equilíbrio perfeito.

Certamente, por causa das sacudidas do caminhão, da cadeira solta e da má postura, minha espinha endureceu. De repente, sinto uma pontada cruel no epicentro nevrálgico: a quinta vértebra. Travo. Vem o medo de virar estátua, como naquela vez em Nova York, onde eu morava, em 1994, quando um *crack* sinistro me deixou estático. Saí de casa numa maca do serviço 911.

Sr. Luiz põe-se ao meu lado, parado também, sem noção do que está acontecendo comigo. Com quase o dobro da minha idade, parece um garoto. Apesar das articulações doídas, ele ainda colhe os frutos de uma vida inteira dedicada a esportes e atividades físicas. Diferentemente dele, nunca acertei uma bola ao cesto, nem saquei forte com uma raquete, nem nadei ou pedalei regularmente durante a fase adulta. Na verdade (entre nós), a última vez que joguei futsal foi em 1985.

Finjo que o motivo da parada é uma limpeza nas lentes dos meus óculos escuros (ainda bem que os trouxe). Poderei dar outro passo? "Relaxe, respire fundo", penso. "Ali é um bom lugar para a gente construir um píer." Um porto fluvial estratégico para, quem sabe, facilitar o transporte.

E o Nivaldo:

— A gente poderia ter aqui umas trinta mil cabeças, no total, para corte e para leite.

Continuo com dor, mas destravado. Arrisco. Caminho a passos de pato em companhia do sr. Luiz até a margem: um enorme espelho verde e transparente cheirando a peixe e barro. Ah, que alívio! Não atrairei a atenção de (nem darei trabalho a) ninguém. Os agrônomos trocam informações sobre outorgas, concessões, algo assim. sr. Luiz parece ter um radar nas orelhas.

— Isso vence em breve, viu? Atenção.

De volta à carroceria, procuro não descuidar da postura. Ouço a voz enfática de Regina, minha amiga e fisioterapeuta de pilates: "Tórax apoiado nos ísquios!". Sobre a crescente exposição à ferocidade do sol, não vejo solução de curto prazo. Sr. Luiz dá umas três batidas com a mão no teto da cabine do Ford. O motorista para. A poeira encobre-nos.

— Tá vazando água naquele cano ali, Haroldo.

E prosseguimos nosso diálogo fragmentário sobre "visão de futuro".

— Então, 40 anos atrás, compramos a Etusa [Empresa Telefônica de Uberaba] por 4 milhões de dólares. Levou 15 anos pra concluirmos que foi um ótimo negócio.

Mas cede ao olho clínico e interrompe o monólogo:

— Olha aquela tábua rachada, Haroldo. Ali, na porteira.

Daí, os dois metem-se numa matemática excludente relativa à Unidade Animal (UA) por hectare (ha). Parece que, na composição de um rebanho leiteiro, vacas valem 1,0 cada, enquanto bois reprodutores valem 1,25. Acho que disseram que, em rebanhos leiteiros, se calcula 1,25 UA/ha. Um UA é igual a um animal vivo de mais ou menos 450 kg. "Embrapa? O quê? Já em rebanhos de corte..." Não, não é um ovo sendo frito. São meus miolos derretendo...

Walter é irmão do Celso (diretor de cultura corporativa da Algar). Especialista em telecoms, Walter também trabalhou décadas na Algar. Hoje está na Central 24 Horas Teleinformática Ltda., na Barra da Tijuca, no Rio de Janeiro. O celular sem sinal, de tempos em tempos, o incomoda. Para ele, o aparelho é um membro do corpo. Apesar de ter vindo tão despreparado quanto eu para a jornada, não reclama. Sua vermelhidão, porém, é notável.

O diretor Haroldo e o jovem agrônomo Nivaldo, acostumados à lida, procuram agir de maneira estritamente profissional. Afinal, vieram a serviço do "chefe". O único à vontade *mesmo* é o sr. Luiz. O que parece o inferno, para mim (e talvez para outros), é o paraíso para ele.

No topo de uma colina, onde o sinal de celular "deu três traços" (palavras do Walter), pergunto se ele passou protetor solar nos braços.

— Não – mas há uma evidente ironia em sua assertividade.

Em seguida, encaramos a subida de um tobogã. No terceiro gomo, o caminhão engasga, a carroceria trepida, o eixo desacelera. Podia imaginar tudo, menos que o F-4000 fosse sucumbir a este aclive. Aí ocorre o fantástico: a nuvem de poeira torna-se

tão densa que mal vemos uns aos outros. A combinação terra-
-suor entope os poros de partículas sólidas e meu bloco de notas
não é mais branco.
   Márcio volta de ré para tentar um impulso. Engata a primeira e pisa fundo. O motor indigna-se. "Vai, vai, vai..." Mas
o Márcio põe uma segunda. "Ah, não! Quem mandou mudar
de marcha?" E lá vamos nós de novo, de ré, contra o pó. Tapo
a boca e o nariz. Levanto a gola da camisa pólo até a garganta,
para proteger o pescoço da ardência.
   Minha única preocupação, caso o Ford vá a nocaute, confes-
so, é achar sombra. De dentro da bolha vermelha, vejo umas
árvores esparsas. Uma lá longe. Outra mais além... *Oh, God!*
Duas e quinze da tarde. Por um triz, o caminhão vence o terceiro gomo, e o quarto, e o quinto, e pegamos uma vicinal larga.
Uma reta espetacular sobre uns quatro dedos de fino talco.
   Um peão vem vindo a cavalo em nossa direção. Ladeamos
um ao outro.

— Ôpa! Bão? – Haroldo cumprimenta. — Olha, fala com
seu patrão que a gente precisa falar com ele, tá?

Alguma coisa a ver com arrendamento de terras.
O peão saca do embornal um celular:

— Se ocê qué falá com ele, tá aqui o telefone.
— Depois, depois – alguém aconselha impaciente.

Falar sobre boi a essa hora, num sábado, no meio do mundo, com a camada de ozônio totalmente vazada... O peão fica

11

assistindo à gente partir. Seu semblante indica espanto. "Que turma, essa", ele deve estar pensando. Mas logo o sujeito se desmaterializa no rastro de pó.

Com mais uns 5 km, atingimos uma residência-escritório da Algar Agro.

Sr. Luiz folheia planilhas com informações sobre cada fazenda. Descobre que duas vacas morreram nos últimos dias na Fazenda Portugal, uma no dia 23, no Retiro 2, e outra no dia 28, no Retiro 4. Balança a cabeça, visivelmente descontente, e vai ao banheiro.

A Fazenda Portugal, assim como a Lapa do Lobo (este é também o nome da aldeia natal do distrito de Vizeu, Portugal, onde nasceu Alexandrino Garcia, falecido pai do sr. Luiz), faz parte do complexo agropecuário da Algar, que inclui agronegócios em outros Estados. O lugar menos quente que encontrei desde que saí do avião foi esta varanda. Até os morenos, Haroldo e Nivaldo, estão torrados.

— Você vê. Ele fica dizendo "vamos fazer, vamos fazer...", mas as coisas não são mais assim. Tudo tem de ser na ponta do lápis, calculadinho – Haroldo comenta, aproveitando a ausência do presidente. Parece haver entre os dois uma espécie de jogo sem vencedores, no qual a ousadia debate-se com a previdência.

Minutos antes, ainda na carroceria, sr. Luiz me disse que "preguiça é uma doença", mas não me lembro mais qual era o contexto.

Eis que ele surge por trás de nós feito uma entidade onipresente, fluida, trazendo uma penca de bonés brancos com a monomarca da Algar. Momento epifânico (para mim): seria o fim do risco de queimaduras preocupantes no vértice? Depois de inspecionar cada centímetro de cada hectare, cadê a coragem de perguntar o próximo destino? Pois Haroldo teve essa coragem. A resposta veio quando já estávamos de novo sobre a carroceria:

— Almoçar.

O Papa esfrega seu iPhone e depois se dirige a mim, com graça:

— 233 e-mails só hoje, enquanto a gente tava sem sinal. Quem pode com uma coisa dessas?

A ideia de almoçar reativa em mim não a fome (sinto-me saciado apenas tomando água), mas as fantasias sobre casa com piscina olímpica, cães de raça imensos e churrasqueiras fumegantes (eu já havia voltado a comer carne vermelha), que me vêm à cabeça de novo.

Chegamos, então, a uma casa de fazenda às margens do rio Aporé. Bem equipada, confortável, mas totalmente desprovida de luxos ou delírios. Uma habitação bem simples, para não dizer rústica. Celso está lá embaixo sozinho, pescando no píer à sombra da mangueira. Na sala, Elias e Danilo, piloto e comandante do Xingu, assistem à televisão.

A cozinheira aqueceu as panelas. Sirvo-me de arroz, feijão, frango frito, quiabo, alface e tomate. A mesa é longa, acomoda uns vinte comensais. Distribuímo-nos aleatoriamente. Procuro ficar frente a frente com o sr. Luiz. Na verdade, todo o meu esforço físico, hoje, foi em função de observá-lo numa situação normal (para ele).

Celso vem chegando. O primeiro assunto é o fracasso dele, aquele dia, na pesca. Daí a conversa vai de cá para lá, dali para além, de quando para aquém.

Estão todos mortos de cansaço, não apenas eu. Assim como eu, porém, ninguém dá o braço a torcer. Resvalamos, de repente, em futurologias tecnológicas. Que tal um aparelho que servisse para tudo (trabalhar, comunicar e entreter)? Misto de celular com *laptop*, que fosse leve e não precisasse de discos, *pen-drives*, cabos, baterias, nada. Mas o assunto não vai adiante.

Depois de outro silêncio, Walter formula uma questão radiante, cerne de todas as minhas preocupações naquele momento:

— Já pensou se a gente tivesse de fazer todo dia isso que acabamos de fazer hoje?

Decorre um silêncio mais prolongado. Sr. Luiz está mastigando com calma. Engole. Em seguida, sério, encerra o assunto:

— Pois seria muito bom, uai!

Agora só se ouvem pássaros, insetos e a água corrente da pia. O presidente propõe uma votação democrática:

— Opção 1: voltarmos de carro até a pista de pouso e voarmos para o aeroporto de Uberlândia; e opção 2: voltarmos de barco pelo rio Aporé, encontrarmos a caminhonete à beira da represa e descermos na outra fazenda, a Colorado, perto de Uberlândia.

A opção 1 me parece mais simples e sensata, mas me calo. O grupo vota (ou se abstém) na opção 2, a mais complexa e demorada. Os olhos do sr. Luiz, que adora obstáculos, brilham.

— Eu piloto o barco – ele diz imediatamente.

Subimos num barco com motor de popa: eu, Celso, Walter, Haroldo, Nivaldo e Marcos. Ou seja, 500 kg de gente (comida do almoço inclusa), pelo menos. Às 15h14, o poder do sol é indescritível.

Juntei as duas pontas da gola da camisa pólo levantada e fixei-as com um clipe, tornando uma espécie de cacharrel. (Não me pergunte como consegui o clipe.) Outra providência de alta tecnologia contra a ação dos raios ultravioletas é ir girando a aba do boné conforme a nossa *global position* e o grau de queimação. Sr. Luiz pilota com serenidade, cabeça erguida, elegante.

A posição de sentar é um bocado desconfortável para mim. Minha quinta vértebra está sempre de mau humor. Sustentar um diálogo nessas condições é humanamente impossível. Os respingos do rio Aporé – limpo, fresco e largo – constituem uma bênção. Tiro fotos do sr. Luiz de vários ângulos com o meu celular. Impassível, ele simplesmente fixa o horizonte e se deixa levar.

— Aquelas balizas ali, ó, de navegação, indicam que o Aporé encontrou o Paranaíba. E aquela margem ali é onde paramos hoje de manhã pra fazer lanche, onde o Haroldo falou que a gente devia construir um porto.

Ah, o píer. Lembro perfeitamente, claro.

Depois de 1h15 de viagem, o prático entra numa maré de tocos à tona. Apesar dos avisos em contrário, insiste em atingir o ponto exato onde os funcionários estão com a picape nos esperando. Como a profundidade é indefinível, conta o *feeling*, a intuição. Quase na praia, a lata do casco encalha numa galhada.

— Pessoal, vamos saltar aqui mesmo pra aliviar o barco – Celso sugere.

Todos, menos o sr. Luiz e eu, começam a levantar as calças e a tirar os tênis e as meias. Em princípio, essa movimentação me parece precipitada. Márcio e Marcos entram emotivamente na água para empurrar o barco até a margem. Sinto-me um peso-morto. Protejo o que é possível e me atiro também no rio, com a água até os joelhos.

Sr. Luiz fica no assento de piloto dando instruções para os experientes Márcio e Marcos, como se eles precisassem. Descalços e sujos, Celso, Walter e eu subimos na carroceria da picape, de onde observamos o desenrolar: sr. Luiz dentro do barco, sozinho, sendo empurrado por Márcio e Marcos. Em dois minutos, o barco é apoiado sobre a carreta.

O presidente desce do barco e, seco como a braquiária do pasto, entra na cabine da picape. Ele deve ter mandado o Haroldo pisar fundo, mas a velocidade atingida é totalmente inadequada às condições de viagem de Márcio, Marcos e Nivaldo, que estão dentro do barco, que, por sua vez, está sobre a carreta.

Cena incrível: de costas para a boleia da picape, vejo um barco navegando – ou melhor, trotando – no pó. Os trancos vão se tornando insuportáveis para os três coitados e nos preocupamos com o risco de quebrarem a bacia ou pararem de respirar.

— Para, para, para! – gritamos todos.

Walter bate no teto da boleia. Haroldo encosta para que o trio troque o metal do barco pelo metal da carroceria da picape.

— Olha pra você ver, Sergio... – Celso me cutuca com aquele seu ritmo manso e singular. — Dr. Luiz está apressando o Haroldo porque a gente corre o risco de não pousar na Fazenda Colorado antes do pôr do sol. Os pilotos já disseram que não podem decolar de lá para Uberlândia se estiver escuro.

Entendi: sr. Luiz, agora, quer porque quer cumprir o programa que ele mesmo alterou. No avião, o descabelado exército combalido tomba nas poltronas. O nosso acionista majoritário, não. Ele está ajoelhado entre os tripulantes, dando palpites sobre a decolagem e a rota. Walter considera a hipótese de tomar uma cerveja.

— Não, melhor não. Se fizer isso, viro um tijolo – brinca.
— Vai descer na sua goela feito uma prensa – seu irmão zomba.

Delirantes, pousamos no chão grosso de Gaia, outra unidade de agronegócio do Grupo Algar, próxima à Fazenda Colorado. Haroldo e Nivaldo ficam no avião. Desembarcamos. Os pilotos têm pressa em taxiar porque começa a escurecer. Já são 17h55.

O pernambucano Carlão, segurança e motorista particular do sr. Luiz, já fora informado (não percebi quando nem como) de que deveria nos esperar na Gaia com o Jeep Cherokee. Carlão o repreende sobre "a maneira certa de planejar as coisas, afinal, já é tarde". Os dois discutem como dois garotos no mesmo nível.

Sr. Luiz me mostra uma estação climática.

— Ela colhe dados atmosféricos e envia para os nossos computadores.

A essa altura, já não age mais como "o líder em missão de inspeção". Está mais para relações públicas. E as fantasias que criei na noite anterior concretizam-se: a Fazenda Colorado, suposta última parada, é um belíssimo sítio de lazer da família do presidente.

A sede lembra um mosteiro de pavimento único. Piscinas, lago com peixes, fontes, gramados extensos, árvores centenárias, vários ambientes com churrasqueiras e bares. Mas está tudo silencioso e escuro. O funcionário Eduardo nos recebe e sr. Luiz pede que ele nos mostre os chalés recém-criados – um para cada filho e netos.

Depois, convida-nos para um drinque e sugere um vinho. Carlão aparece com um Cordelier 2004 de Bento Gonçalves, Vale dos Vinhedos. A visão da garrafa me enche de alegria e motivação, embora a coluna e a pele tenham sido castigadas.

— Ele comprou um caminhão desse vinho – Carlão comenta com orgulho.

Eduardo nos serve queijos em cubos.

— Liga a fonte do lago.

Eduardo atende ao pedido.

— Ô, Celso, quer pescar? Tem muito peixe aí nesse lago, hein? Assim você não volta com a mão vazia.

Celso topa.
Carlão cochicha ao pé do ouvido do patrão, que assente com a cabeça. O motorista corre até o bar e coloca um CD do Belchior no aparelho compacto sobre a geladeira: *E as borboletas do que fui voam demais/ Por entre as flores/ Do asfalto em que tu vais...* Brindamos.

Terminada a "missão", achei que o sr. Luiz soltaria o verbo, mas apenas os grilos se soltam (até porque os pássaros já estão, como se diz, "na meia-noite"). Trinam loucamente. Muitos assuntos, nenhum avanço: telefonia ("o que é fixo e o que é móvel neste mundo", Walter filosofando); o global *versus* o local ("a competência é o principal patrimônio de uma empresa", Celso demarcando); o papel inovador das organizações ("os 'applemaníacos' não compram o produto Apple, compram o que a Apple acredita", eu me arriscando); etc. etc.

Daí, pego-me dizendo "coisas brilhantes" pelos cotovelos, certamente pelo efeito do ótimo tinto. O presidente e eu eliminamos, praticamente sozinhos, umas três garrafas do lendário estoque do Cordelier 2004. Walter e Celso, por sua vez, contiveram-se. Uma ou duas cervejinhas e olhe lá.

Sr. Luiz bate as palmas das mãos nas coxas:

— Vambora? – e põe-se de pé imediatamente.

— É, está na hora – Celso e Walter concordam em coro. — Já passa das oito.

Estou agora no banco de trás da Cherokee, ladeado, à minha esquerda, pelo Walter e, à direita, pelo sr. Luiz. Apesar da escuridão, vejo que a rodovia para Uberlândia é lisa e bem sinalizada. Walter empunha o celular:

— Dr. Isac, o senhor pode falar agora? Ah, pois não, dr. Isac. Obrigado. É que ficamos fora de área, o sinal ia e vinha, não deu para concluir. Seguinte: estou aqui com o presidente da Algar e da CTBC Telecom. Lembra a história daquela rede de fibra ótica? Aquela, de Brasília pra Porto Alegre, lembra? Pois é. O dr. Luiz voltou a ter interesse.

A MISSÃO

O sábado começou no Mato Grosso e vai terminar com uma conversa de negócios, à noite, olha só. Celso e Walter batem cabeça tentando lembrar o nome de uma das empresas de Telecom envolvida na tal rede de fibra ótica, cujo maior acionista é o BNDES. Não entendo bulhufas. Além disso, há vários assuntos entrecruzados.

— Estou em lua de mel com o meu carro novo – sr. Luiz comenta, referindo-se a outro carro (uma Mercedes preta, eu soube depois).

Em seguida, provoca o seu (nosso) motorista:

— Meu segurança virou simples manobrista. Agora eu é que dirijo o carro.

Carlão finge que não escutou.
Walter maneja o celular de novo. Ainda aquele assunto das redes e rotas de fibra ótica.

— Ô, Carlão, entra na Canadá.
— Agora? Pra quê?
— Para o Sergio ver a nossa produção automatizada de leite.
— Tem ninguém acordado lá essa hora!

A Fazenda Canadá, pelo que entendi, fica neste rumo mesmo, uns 40 km adiante, talvez.

— Dona Ophélia está em Uberlândia esperando o senhor — Carlão adverte, em tom de ameaça. Conhece bem o patrão e a esposa dele.

O fato é que só paramos já dentro de Uberlândia, em frente a uma casa cujo muro possui uma altitude média. Um segurança abre a porta, observa um lado, e outro, e acima, e abaixo, e um lado, e outro... Ao se despedir de mim, às 21h04, sr. Luiz lamenta, tão sorridente quanto aliviado:

— Carlão deu o cano em nós. Mas amanhã a gente vai lá na Canadá.
— Obrigado pela aventura – digo, apertando-lhe a mão.
— Que aventura? Foi um dia normal, ué!

E, inteiraço, encaminha-se.
No quarto do hotel, meu estado – visto de dentro ou de fora do espelho, não importa – é evidentemente lastimável: o rosto vermelho feito um pimentão, os lábios inchados, o cabelo endurecido e gorduroso, o pescoço chamuscado, as roupas e os tênis (peças praticamente únicas) irreconhecíveis, a quinta vértebra sendo alfinetada minuto a minuto e a pergunta: um homem rico e prestigiado de 75 anos precisa de "um dia normal"?

SER, SENDO

SVB: *Existe "mineiro típico"?*
LAG: *Sou triangulino: matuto igual goiano, arrojado igual paulista e pensador igual mineiro.*
O triangulino é global.

Os estudiosos nunca vão desistir de tentar entender a mente dos empreendedores. Talvez seja fácil objetivar que são criaturas com enorme capacidade de arregaçar as mangas, enfrentar desafios às vezes acima de suas probabilidades, fazer sacrifícios, correr grandes riscos (nos âmbitos micro e macroeconômico), mobilizar sociedades, liderar. Mas essas características são, até certo ponto, tangíveis. A elaboração de padrões complica-se no momento da inclusão de traços de personalidade impossíveis de mensurar, como a intuição.

O professor Oscar Motomura, fundador do Grupo Amana-Key, centro de excelência em gestão, define o intuitivo como "aquela pessoa que, em vez de se deixar escravizar pelo cerebral, pelo mental excessivo e pelo processamento de informações, confia em seus *insights*". Significa dar vazão a conhecimentos que não podem ser atingidos com uma análise profunda de dados objetivos. "Interessante que os *insights* mais preciosos costumam vir à tona exatamente quando você para de pensar", observa.

"Inevitável nos lembrarmos de Einstein, que dizia: 'penso 99 vezes e nada descubro; paro de pensar, mergulho em profundo silêncio e eis que a verdade se me afigura por inteiro'. Nesses momentos de vazio, digamos assim, o sujeito intuitivo faz *downloads* de projetos inteiros numa fração de segundo." Os metódicos sobram nas organizações. Os intuitivos, por outro lado, são raros ou não conseguem despontar por razões que vão desde uma cultura interna inapta até a inovação ou a falta de originalidade de indivíduos e grupos.

Luiz Garcia não é cientista, nem filósofo, nem sacerdote. Suas palavras são descomplicadas. As pessoas próximas a ele, de qualquer área ou grau de relacionamento, consideram-no intuitivo. "Ele ouve, sente e internaliza os conhecimentos teóricos, mas nunca será um mero estruturador de conceitos. Está mais interessado, na verdade, em saber como transformar o ambiente em que está inserido e agir numa situação de decisão. Nesse sentido, confia no próprio taco", diz Motomura.

Dentro da Algar, Luiz Garcia é um elo entre o passado e o presente. Além de difusor informal de memórias inestimáveis, seu ousado espírito empreendedor inspira os entornos. Cícero Domingos Penha, vice-presidente de Talentos Humanos da Algar, afirma em seu livro *Atitude é querer* (QualityMark, 2008) que os empreendedores são "bichos raros", porque pensam e agem "fora da caixa" (isto é, fora do habitual e do senso comum). "Alguns chegam a ser chamados de loucos", lembra, citando a empreendedora inglesa Anita Roddick, fundadora da rede The Body Shop, que diferenciou os loucos e os empreendedores da seguinte forma: "A diferença entre o empreendedor e o louco é que o primeiro faz com que as pessoas acreditem em sua visão". "Dr. Luiz é uma usina de ideias", diz Cícero. "O Grupo possui uma estrutura sólida, sustentada em planejamentos, previsões e provisões, mas ele traz novidades e vê as coisas além, botando o nosso pessoal para pensar."

Recorda-se, de repente, de um "*tour* tecnológico" na Bélgica: "Ele viu uma torre de telefonia celular em que os equipamentos eram acoplados à própria torre, no alto, sem necessidade daqueles contêineres de alvenaria no térreo. Ele trouxe essa ideia para cá, estudou o assunto, estruturou a argumentação e persistiu, persistiu até convencer todo mundo a adotar o novo sistema. O mesmo aconteceu com a ideia de pendurar *banners* com propaganda da Algar nas linhas físicas de transmissão".

O presidente da Algar vive de olho no que há de mais criativo e inovador à disposição. Em suas viagens pelo mundo, carrega uma pequena câmera fotográfica para registrar novidades potencialmente aplicáveis no Brasil. Agora usa o próprio iPhone para isso. "Numa análise fria, a conclusão é a de que toda empresa precisa de pessoas como ele (melhor ainda seria haver uma boa mescla entre os cerebrais e os inventivos). Caso contrário, a organização fica sem alma, sem energia, sem as contradições que decorrem da diversidade."

Sobre o papel de "guardião das memórias do Grupo", o consultor e professor José Carlos Teixeira Moreira acredita que o eterno e o moderno se manifestam em igual medida nas atitudes deste senhor de 76 anos. "No meu modo de ver, o eterno é o perene, e o perene é a evolução. Tenho visto muita gente que, no afã de evoluir, desvaloriza a arte de fazer, de realizar. Luiz, não. Ele não separa evolução de ação. Acompanhei a Algar ao longo de muitos anos. O papel dele de impulsionar a companhia é incomum. Você conta nos dedos quem realmente faz isso bem."

Luiz Garcia foi da primeira turma de presidentes de um curso inovador, criado em 2003 por José Carlos, em sua Escola de Marketing Industrial (Emi). O marketing industrial é uma filosofia que potencializa a construção de riquezas, incentivando e promovendo alianças prósperas entre representantes de diferentes instituições dispostas a criar valor de maneira compartilhada. Esse tema começou a ser trabalhado no Brasil em 1967. A Emi é também um centro de intercâmbio de ideias, do qual Luiz Garcia participou ativamente.

"Ele é atento a coisas filosóficas, intangíveis, subjetivas. Dá oportunidade para o que nós, engenheiros, chamamos de 'pensar do espaço', fazendo a ponte entre a ideia e a concretude", analisa José Carlos. "Outro ponto subjacente e igualmente marcante é que ele não é simplista. Chega ao simples a partir do complexo. Mergulha no que tem de profundidade e atinge a simplicidade. Acho isso formidável. Conheço centenas de executivos e empresários capazes de mergulhar na profundidade, mas incapazes de traduzi-la em algo exequível."

Apesar de suas maneiras despojadas, informais e aparentemente simplórias, suas ideias e seus pontos de vista possuem um sentido amplo. "A simplicidade com que apresenta as coisas nunca está desprovida de profundidade", concorda José Carlos. "Ele me lembra muito o Antonio Ermírio, outro que é bastante despojado no âmbito material. Ambos possuem uma sabedoria elevada. Por exemplo: Luiz é um perguntador extraordinário, e saber indagar é certamente um traço de sabedoria."

Maurílio Biaggi Filho, empresário do setor sucroalcooleiro, percebeu-o como "bom perguntador" em situações diversas. "Ele te encontra, começa a esmiuçar os assuntos e vai conduzindo 'a prosa'. De repente, você se pega falando tudo para ele. Em assuntos que não domina, tem pouco conhecimento ou mesmos nos que domina completamente (como telecomunicações), ele consegue te fazer partícipe, te traz para a questão central de tal forma que você se sente superimportante."

Em 2006, a revista *The Economist*, em um de seus artigos (nunca assinados), formulou uma descrição interessante: "Pessoas com talento têm soluções inéditas para problemas corriqueiros". "Os talentosos são consistentes, e estão sempre em busca de outras pessoas consistentes", prossegue José Carlos. "Aqui, na EMI, a gente brincava que 'com o Luiz, não tem tempo ruim'. Ele nunca diz 'ah, não sei, isso aí vai depender'. Sendo um empresário capaz de pensar antes de agir e de agir enquanto pensa, deve ser difícil para ele trabalhar com pessoas que não têm o mesmo *timing*."

Competência silenciosa

As histórias de vida de empresários ricos e famosos indicam que o empreendedorismo resulta sempre de um exercício de complexas e múltiplas habilidades, organizadas pela razão e guiadas pela vontade. Um empreendedor enxerga mais que muitos e tem o entusiasmo de poucos, além da disciplina de execução e da capacidade de motivar os outros. Parâmetros construídos *a posteriori* tendem a facilitar o enquadramento dos exemplos.

Nos programas de treinamento ou nos cursos de administração, os exemplos vivos são apresentados aos mortais como modelos irrefutáveis de sucesso (sucesso financeiro, principalmente). Mas como não reconhecer que o sucesso num âmbito (artístico, talvez) pode estar pautado por um fiasco em outro (o amoroso, por exemplo)? Infelizmente, só é possível ser bem-sucedido em alguns âmbitos da existência, nunca em todos.

Ocorrências marcantes da vida, como mudar para um emprego melhor ou superar a perda de um parente, têm um preço que nem sempre é monetário. É muito arriscado tentar explicar os pensamentos e as ações de uma pessoa de maneira coerente o bastante para que seu comportamento se repita (para o bem ou para o mal) em outra. Ou seja, ninguém pode ser modelo para tudo. Luiz Garcia concorda.

O melhor conselho é o exemplo. Não adianta muito falar, falar, falar. Entra por um ouvido, sai pelo outro. Você tem de dar o exemplo de honestidade, de dedicação, de atitude etc. De certa forma, exceto em raríssimas exceções, tenho a consciência tranquila de que, no meu caso, o exemplo foi dado pela minha família. Por que digo raríssimas exceções? Porque mesmo os meus filhos devem ver deficiências em mim, ora.

Talvez pelo processo civilizatório e político em que nos encontramos, a palavra transparência tem sido muito usada. Em termos comunicacionais, refere-se ao que não se vê ou não precisa ser visto. A energia elétrica que alimenta meu computador, por exemplo, é transparente para mim, pois eu não vejo os elétrons com meus próprios olhos. Por analogia, uma pessoa transparente é íntegra, nunca fracionada ou ambígua.

"Falar ou fazer algo que, na verdade, não é o que está realmente sendo falado ou feito – as chamadas 'agendas ocultas' – é um cacoete perigoso, no mundo empresarial principalmente", explica José Carlos Teixeira Moreira.

Permeada por desconfianças, a Era Industrial constituiu-se a partir das fraquezas das pessoas, não de suas forças, aprofundando o abismo entre o discurso e a realização.

"Posso te dizer com segurança: Luiz não tem 'agendas ocultas'. Se ele fala uma coisa, essa coisa é o que ele realmente está falando. Liderar por testemunho é algo valioso. É fácil perceber que a sala se ilumina mais quando ele entra. Até porque ele tem sido impecável no papel de guardião dos princípios éticos da Algar. Com uma diferença: não tem vaidades nem quer ser personificado. Sua competência é silenciosa", afirma José Carlos.

As idiossincrasias do Senhor Algar, embora não falem por si, fornecem pistas sobre quem de fato ele é. Algumas delas insinuam certa irreverência, se considerarmos os modelos padronizados do mundo corporativo atual. Eliane Garcia Melgaço, diretora de marketing da *holding* do grupo, considera seu tio um personagem. Cresceu ouvindo "e o Luiz Garcia, hã, mas que figura!".

"As coleções de 'causos' sobre ele permeiam a empresa de ponta a ponta. Antes, me soavam como a descrição de uma caricatura. As histórias me pareciam até meio folclóricas. Mas fui percebendo que não, que eram muito verdadeiras. A ponto de criarem empatia com os associados [na Algar não se diz funcionário nem colaborador; diz-se associado(a)]. Isso não ocorre apenas aqui. Cada protocolo que ele quebra em fóruns empresariais só reforça a 'figura' que ele de fato é."

O professor Domenique Heau, do Insead (*Business School*), onde Eliane cursou o XIX Programa de Gestão Avançada (PGA), em 2008, ficou feliz quando soube que ela era sobrinha do Luiz, aluno da primeira turma do mesmo curso em 1990. "Ah, fui professor do seu tio!", disse Domenique, recordando com animação as "colocações" verdadeiras e sinceras do ex-aluno. "Tio Luiz não tem *mise-en-scène*", sublinha Eliane.

Inútil passar-lhe *scripts*, discursos, PowerPoints. O máximo que passam a ele é um "roteirinho", cientes de que não será seguido. Seu forte é o relato de cunho pessoal, narrado de maneira tão despretensiosa quanto surpreendente. "Isso enriquece as apresentações", acredita Eliane. "Outro dia, eu e ele fizemos dobradinha numa palestra sobre governança. Apresentei a parte formal no PowerPoint e jogava a bola para ele de vez em quando: 'Tio, agora conta o caso tal'. A plateia adorou exatamente porque ele saía do nível teórico."

No Fórum HSM de Gestão de Empresas Familiares, em maio de 2010, em São Paulo, o modelo de governança corporativa do Grupo Algar foi apresentado como um exemplo a ser seguido. Luiz Garcia dividiu o enorme palco do auditório do Hotel Transamérica com o filho Luiz Alexandre, CEO desde 2006, e outra sobrinha, Eleusa Garcia Melgaço (irmã de Eliane), presidente do Conselho de Família.

Os sofisticados PowerPoints, em seguida, não resistiram ao "jeitão meio avacalhado, no bom sentido" do tiozão. Sua informalidade ampliou a veracidade dos conteúdos organizadinhos que os outros executivos haviam produzido. "Incrível, mas é verdade: aqui, na Algar, ele é igual ao que é na casa dele. Conheço um monte de gente no meio empresarial que é uma coisa no escritório e outra fora. Tio Luiz, não. Ele é tão espontâneo que, outro dia, uma jornalista ficou até meio sem jeito aqui", lembra Eliane.

A repórter aguardava Luiz Garcia no saguão central da envidraçada sede da *holding*, em Uberlândia, onde há um piano de cauda. Às segundas-feiras, os associados são recebidos pela manhã com os concertos de Nininha, pianista profissional. Quando o presidente entrou, Nininha agradou-o com "New York, New York". A repórter estava próxima ao piano. "Ele dançou com a repórter. Quando a levamos à sala dele para a entrevista, o tio disse assim: 'Ué! Mas eu te conheço!'. No churrasco de domingo ou com o presidente da República, nunca vi o tio Luiz tentando ser outra pessoa", diz Eliane.

Luiz não chega a ser irreverente. Leva a sério eventos sociais, por exemplo. Casamentos, formaturas, batizados, enterros e festas de confraternização de ex-colegas disso ou daquilo têm o mesmo peso na agenda. Até bem pouco tempo atrás, era capaz de pilotar, ele mesmo – por prazer e com um comandante a bordo –, um dos turbo-hélices da Algar Aviation para ir visitar um amigo hospitalizado em outro Estado. Agora está mais complicado. *Não lido bem com os novos computadores de bordo.*

"A disposição dele é incrível", continua Eliane. "Em 2005, quando completou 70 anos, a festa dele em São Paulo foi muita prestigiada. Acho que a maioria das pessoas compareceu não só por ele ser admirado no meio empresarial, mas também porque ele prestigia os eventos dos outros, criando vínculos. Mas nunca espere que ele diga 'Oi, eu sou o Luiz Alberto Garcia, do Grupo Algar'. Não. Ele é muito acessível e próximo."

Por outro lado, opiniões favoráveis à venda de empresas irritam-no. Ainda é forte nele a ideia de adquirir ou fundir, nunca de desfazer. "Daí a gente diz: 'Tio, não queremos vender para botar o dinheiro no bolso e ir para as Bahamas, não. É apenas uma reorganização estratégica dos negócios'. Nem pensar, por exemplo, em vender uma fazenda para comprar um hotel, mesmo sendo um ótimo negócio. Ele prefere dar um jeito de comprar o hotel, simplesmente."

A cultura do dividendo é relativamente recente na Algar. No início, Luiz Garcia tratava os dividendos com um zelo diferenciado. *Cuidado, não deem muito para os meninos, tá?* Ao que os mais jovens retrucavam: "Mas, tio, dividendo a gente não paga de acordo com a necessidade, a gente paga de acordo com o resultado da empresa. Está no acordo de acionistas!". "Às vezes, parece que o dividendo, para ele, é uma mesadinha qualquer para a gente brincar", brinca Eliane.

Sem vesícula em Pacajá

A memória ainda muito viva do velho Alexandrino amplia as luzes sobre Luiz Garcia, que, para efeitos práticos e matemáticos, é cofundador da Algar. Se comparados a Luiz Garcia, que é da segunda geração, o filho Luiz Alexandre e a sobrinha Eliane, por exemplo, são executivos cerebrais, que analisam resultados com seriedade acadêmica, evitando, sempre que possível, um passo maior que a perna.

Apesar dos resquícios paternalistas, Luiz Garcia é um homem democrático. Quando presidia a Febratel (Federação Brasileira de Telecomunicações), coordenou a assembleia na qual se discutiu a mudança da sede da entidade do Rio para

Brasília. Dinheiro em caixa para a compra de sede própria não era o problema. Havia-o. Por maioria absoluta, optou-se pela mudança, mas o presidente anulou a assembleia alegando que o assunto requeria unanimidade. *Por fim, a coisa não foi aprovada por causa de uma única pessoa, o representante do Seta (Sindicato das Empresas de TV por Assinatura), que votou contra e, mesmo depois de eu ter feito contato com ele, manteve o voto.*

"Às vezes, ele é democrático em excesso. Mas quando quer uma coisa, insiste, insiste, insiste até convencer todo mundo. Estuda, analisa, cria uma forma de argumentar. A persistência dele é incrível", afirma Cícero Penha.

Nestes tempos, em que as maiorias se arvoram em obedecer a cartilhas, Luiz Garcia é uma espécie rara de teimoso. Ele não apenas acredita em suas aventuras, como dá preferência às mais perigosas. Consta que operou de vesícula por videolaparoscopia e, contra as recomendações médicas, viajou até Pacajá, no sul do Pará, onde o Grupo Algar possui terras desde o final dos anos 1970 (posteriormente arrendadas para a exploração sustentável de madeira).

Como se não bastasse ignorar o repouso, resolveu nadar no rio Pacajá, que corta a região. "Entramos num corixo chamado Tucumapijó", lembra Lucas Neiva, ex-genro. "O barco bateu numa árvore oca com um ninho de formigas dentro. Em menos de 5 minutos, milhões de formigas ocuparam o barco. Foi um corre-corre, gente batendo nas formigas com uns galhos, gente pulando desesperada no rio. Dr. Luiz se divertiu. Se tem dificuldade, é com ele. O que para nós é um fato relevante, para ele é coisa à toa."

As origens do município de Pacajá (PA) remontam ao Programa de Integração Nacional (Pin), instituído em 1970 pelo Governo Federal. O objetivo do Pin era desenvolver um programa de colonização dirigida na Amazônia, trazendo trabalhadores sem-terra de diversos pontos do país, especialmente do Nordeste, tendo a rodovia Transamazônica como eixo ordenador. Os trechos Marabá-Altamira e Altamira-Itaituba foram objeto de planejamento e investimento especiais.

No trecho da Transamazônica, entre Altamira e Itaituba, deveriam ser construídas agrovilas, conjuntos de 48 ou 64 lotes urbanos, com igual número de casas instaladas a cada 100 hectares. As casas estavam destinadas aos colonos assentados, que também receberam lotes rurais para atividade agrícola. Cada agrovila deveria contar com uma escola fundamental, uma igreja e um posto médico.

Também fazia parte do Programa a construção de agrópolis, que era a reunião de agrovilas cuja polarização se dava em torno de um núcleo de serviços urbanos. Além dos serviços da agrovila, a agrópolis teria banco, correio, telefone, escola de ensino médio etc., com o objetivo de atender à demanda de todas as agrovilas situadas em determinado trecho da Transamazônica. Foram implantadas várias agrovilas, mas apenas uma agrópolis.

O núcleo urbano de Pacajá teve origem na iniciativa pessoal de um colono, que instalou em seu lote, situado de frente para a estrada, um pequeno restaurante. O bar servia de ponto de apoio para caminhões e ônibus que trafegavam pela Transamazônica. Na mesma época, a construtora Mendes Júnior havia instalado um acampamento de trabalhadores na comunidade Jacaré, perto do porto da balsa do rio Xingu.

À medida que as obras da estrada prosseguiam e se distanciavam dos centros urbanos existentes, pontos estratégicos de apoio, como o restaurante, passavam a ser paradas obrigatórias para os viajantes. As tarefas requeridas pelos trabalhadores daquela construtora estimularam a implantação de novos serviços, expandindo o centro urbano. Logo outros lotes rurais começaram a ser divididos e vendidos aos interessados em abrir negócios.

No final dos anos 1970 e início dos anos 1980, quando a família Garcia foi parar lá, a população estava começando a se concentrar. No entanto, devido à distância, Pacajá sentiu-se preterida pelo município de Portel e emancipou-se oficialmente em 1988. A instalação da sede e a elevação à categoria de cidade ocorreram no ano seguinte. O nome Pacajá homenageia o rio homônimo, que corta a Transamazônica.

Apaixonado pelo Pacajá, Luiz Garcia procura interagir com as comunidades sempre que vai à região. "Ele entra na casa dos ribeirinhos para ver o padrão de vida das pessoas, saber se estão felizes, satisfeitas. Uma vez, ele ouviu uma mulher reclamar que a meninada roubava os cajus do único cajueiro que ela tinha e mandou plantar milhares de cajueiros na área. Caju agora sobra lá. Tem até o Festival do Caju, que premia quem fizer o melhor doce, o melhor suco...", conta Lucas Neiva.

O Grupo Martins, também de Uberlândia, presidido por seu fundador Alair Martins, amigo de Luiz Garcia, possui uma propriedade mais ou menos na mesma região. Alair, certa vez, foi conhecer a fazenda da Algar: "Minha passagem de retorno para Uberlândia já estava comprada. Aí, o Luiz me convidou para eu voltar no avião dele. 'Mas não tem vaga, né?'. 'Que é isso! Você vai com a gente', ele insistiu. Acabei aceitando".

Entrou, apertou o cinto e esperou. De repente, percebeu o avião completamente lotado. "Tinha gente até em pé! Ainda por cima, embarcaram uma caixa de ferramentas enorme, que devia pesar uns 100 kg. Pois o avião acelerou, acelerou... Já estava bem perto da margem do rio (a pista é na beira do rio Pacajá). 'Ai, ai, não vai dar', pensei." Alair quase morreu de medo: "Decolou, mas foi ali, no limite, pertinho da água".

Garcia atribui ao empreendimento em Pacajá um valor tão empresarial quanto emocional. "Ele deve estar vendo coisas que não vemos", suspeita Cícero Penha. "Imagino que, nessa teimosia dele, esteja embutida uma visão ambiental ou alguma coisa relativa à exploração sustentável da floresta. Algo do tipo 'como será a Amazônia daqui a 50 anos'. Ele raciocina assim: se alguém está interessado em comprar, é porque tem valor. Deixa quieto lá."

São mais de 30 anos de luta no Pacajá. Uma história maravilhosa que, por si só, daria um livro. A topografia é plana. Embora esteja a mais de 300 km do mar, ainda sofre influência das marés. Como investimento, mostrou-se péssimo negócio, com grandes perdas financeiras devido à nossa incapacidade de gerir o negócio de madeira e pastagem ali. Com o aluguel da serraria, estancamos parte das perdas, mas a pecuária até hoje é deficitária.

Nossos inquilinos são do ramo madeireiro, com muitas serrarias na Amazônia e escritórios nos Estados Unidos e em países da União Europeia. Fecharam um acordo conosco de 35 anos de aluguel, com revisão quinquenal. Particularmente, Pacajá me ensinou a ver o nortista de outro ângulo, principalmente as mulheres, que são capazes de morrer para dar vida aos seus filhos, até que eles consigam vida própria, o que ocorre entre os 8 e 10 anos de idade.

Amigo da cidade

No vídeo comemorativo do 70º aniversário de Luiz Garcia, há dezenas de depoimentos. José Mauro Leal Costa, ex-CEO da Algar, foi um dos que deu seu testemunho. As lembranças que escolheu acerca de seus 22 anos de relacionamento com Luiz Garcia nada tinham a ver com montantes ou reuniões. Optou por dois episódios aparentemente simples: o primeiro remonta ao seu infarto sofrido em Uberlândia e o segundo, à iniciativa de comprar uma máquina de escrever elétrica, em 1989, nos Estados Unidos:

"No hospital, quando despertei, ainda estava zonzo e não sabia muito bem o que tinha acontecido. De repente, me aparece um cara vestido de enfermeiro me entregando o aparelho de telefone. Era o Luiz. Foi um momento de verdadeira amizade. Eu tinha 40 anos, mulher e três filhas pequenas. Havia sofrido um infarto e ia precisar fazer a cirurgia de tórax aberto de ponte de safena (foram duas safenas e duas mamárias). Eu sabia, portanto, que essa cirurgia não era trivial, tanto que fiquei numa UTI aguardando os exames. Minha mulher, até aquele momento, não sabia de nada, mas devia estar desconfiada, porque não liguei para ela na noite anterior. A ajuda do Luiz em me permitir falar diretamente com ela ao telefone foi fundamental para que ela não ficasse mais preocupada que o normal. Burlando as normas do hospital, ele fez algo absolutamente além do normal quando se trata de um colega de trabalho. A outra atitude dele foi quando me veio a ideia de comprar uma máquina de escrever elétrica. Na época, eu estava escrevendo uns relatos pessoais. 'Não faça isso!', ele disse. 'Você tem de comprar um microcomputador!' Nesse caso, ele me beneficiou com sua visão estratégica. Na época, não havia evidências claras de que os computadores seriam o que são hoje. Luiz antecipou o meu domínio sobre esse instrumento."

Todo ser humano deixa marcas por onde passa. As maneiras de captar essas marcas, porém, são bastante diversas. Alair Martins acredita que um dos maiores feitos de seu amigo Luiz foi o de preservar os valores de Alexandrino Garcia, fundador. "Não é fácil herdar um legado e transmiti-lo quase intacto à geração seguinte sem se envaidecer ou perder a humildade. Quando se perde a humildade, perde-se também a oportunidade de ser feliz."

Numa época em que o marketing pessoal adquiriu mais importância que a obra individual, a sede de grife e ego parece insaciável. E a mídia paulista, principalmente, encurralada em seus próprios bairros, deixou-se hipnotizar por padrões imutáveis. Na reportagem "O milionário caipira" (revista *Exame*, 3 de julho de 1996), o jornalista José Maria Furtado tenta entender "o que Luiz Alberto Garcia tem para ser cotado para a lista dos ricaços da *Forbes*". Submisso a modelos, o jornalista enveredou-se por parâmetros físicos: "O sotaque inconfundível. O desengonçado caminhar, típico de gente da roça. É como se tivesse um tijolo quente debaixo da sola dos pés, que o faz parecer ora manquitolar, ora estar fazendo ginástica, ao jogar o peso do corpo alternadamente para a esquerda e para a direita. E as feições – um tanto rudes – dizem a quem não o conhece e o encontra pelos aeroportos da vida que talvez ele coubesse melhor dentro de uma roupa de rancheiro que no terno bem cortado e de ótimo acabamento. Enfim, pensa-se logo que ali vai um caipira, no máximo um fazendeiraço. Nunca um grande empresário".

Assimilar que "as aparências enganam" é fácil; estar disponível para surpresas já é um pouco mais difícil. O universo empresarial, tanto quanto a mídia que o observa, é essencialmente padronizado. A era digital parece ter exacerbado a importância das cartilhas de comportamento que dizem: "Ei, você não é um ser humano, mas uma grife, sabia?". Sob esse aspecto, Luiz Garcia é um *outsider*. Se, para atrair atenção ou "vender-se", for necessário interpretar um personagem, ele não tem chance. Catorze anos depois, peço um comentário sobre a tal reportagem da *Exame*:

Que bom reler este artigo. O articulista, por sinal muito inteligente, bate e assopra ao mesmo tempo. Logo após esta reportagem, Celso Machado criou um mote: "é coisa de caipira". Todos os nossos anúncios, comunicações etc. passaram a conter essa "coisa de caipira". Fico feliz em ver na matéria que, na época (1996), faturávamos em torno de 500 milhões de dólares e devíamos 170. Hoje (2011), faturamos 3 bilhões. Eram 13 mil associados. Hoje, são 20 mil. Temos valores e crenças não negociáveis e acreditamos no Brasil: "coisa de caipira".

Qualquer juízo de valor em relação à autenticidade desse senhor de Uberlândia não estará livre de controvérsias. Até porque há quem acredite que é impossível alguém se comportar da mesma maneira em contextos muito diversos. O diretor do Instituto Brasileiro de Economia da Fundação Getulio Vargas (FGV), Luiz Schymura, considera o estilo simplório de Luiz Garcia uma grande jogada.

"Num primeiro contato, parece interiorano, humilde, pouco expressivo. Daí, logo depois de conhecê-lo, se você analisa um balanço anual do Grupo Algar, você vai pensar assim: 'Como é possível que aquele homem seja o cabeça de uma *holding* desse tamanho?'. O fato é que, por trás dessa fachada, há um indivíduo maduro, sofisticado e antenado. Em eventos políticos, por exemplo, ele abre espaços, deixa o interlocutor falar, não confronta. Pragmático, sempre sabe o que quer de uma conversa e nunca alimenta o ego do seu interlocutor."

Na visão de Schymura, o velho Luiz aprendeu a usar a seu favor até o sotaque característico do Triângulo Mineiro. "Em vez de se sentir diminuído pelo fato de estar indo, sei lá, a uma cidade como São Paulo ou Rio de Janeiro, ele se engrandece. Até podia tentar corrigir o sotaque ou rebuscar um pouco mais o discurso, mas prefere ser o que é. Conheço empresários do interior que, submissos, mudam o modo de se vestir e se apresentar. Luiz, não."

Apegado às origens, sua vida sempre esteve muito ligada a Uberlândia. Não propriamente a vida social, hoje, mas a vida familiar: casa, mãe (que está com 99 anos), amigos. "Papai viaja mais que todos nós juntos. Já conheceu meio mundo. Mas não o vejo mudando de cidade ou planejando alternar seis meses aqui, seis em Miami, por exemplo. O fato de o meu avô ter construído a empresa aqui em Uberlândia é muito importante para o meu pai", observa o filho Luiz Alexandre, CEO da Algar desde 2006.

O antenado Luiz Garcia é do tempo em que o consumismo e o desperdício eram abominados, o mundo não era globalizado e uma viagem curta exigia sacrifício, erguer um monumento era mais importante que apenas contemplá-lo, lealdade era questão de honra, tudo parecia estar por fazer e o homem era o arrimo da família. Além disso, ele é de uma região onde, até hoje, é possível conhecer um por um os frequentadores de um clube, os ritos de passagem possuem valor intrínseco e a oralidade é o que liga as épocas.

"A preocupação dele em ajudar a solucionar os problemas de Uberlândia me chamou a atenção. Hoje, é uma cidade grande, com mais de 600 mil habitantes, talvez. Mas o relacionamento à moda antiga entre empresas e clientes me pareceu bem preservado, graças à penetração da CTBC. As pessoas falavam com muito carinho da empresa. Vi que o Luiz tem orgulho de desempenhar esse papel, digamos, social", analisa Luiz Schymura.

Aventura no sangue

Calculada ou não, sua evidente espontaneidade magnetiza. Cleofas Uchoa, PhD pelo Massachusetts Institute of Technology (MIT), engenheiro, astrônomo, escritor e ex-presidente da antiga CTB (Companhia Telefônica de Brasília), conheceu Luiz Garcia quando jovem. Como as respectivas companhias – a CTBC dos Garcia e a CTB estatal – não tinham negócios em comum, os contactos eram ligeiros. Anos depois, Cleofas foi para a ITT como diretor de marketing, e o BNDES designou-o para a criação da Computadores Brasileiros (Cobras). "Em meados de 1982, recebi um convite para dirigir o marketing da ABC Bull, da ABC X-Tal e da Teletra. A partir daí, minhas relações com Alexandrino e Luiz, pai e filho, se estreitaram", conta.

Bem-humorado, Cleofas recorda-se de "um ensinamento pequeno, mas muito relevante" em sua formação. O episódio começa no restaurante do Hotel Ca'd'Oro, em São Paulo, onde fora jantar com o amigo Cláudio Furtado, outro diretor do Grupo ABC (nome do Grupo Algar até 1990).

— Os senhores têm manga? – Cleofas perguntou ao garçom.
— Sim, e muito boas. Da estação – respondeu o garçom.
— Você vai comer manga a essa hora? – perguntou o Cláudio Furtado.
— Vou, sim, Cláudio. Estou cumprindo a dieta de Beverly Hills.

A tal dieta estava na moda, na época, e era relativamente saudável: 45 dias comendo apenas frutas, cada dia uma fruta diferente. Recomendava-se comer a mesma fruta nas três refeições do dia. Aquele era o dia de manga.

— Você já conseguiu emagrecer? – Claudio quis saber.
— Estou na segunda semana e já perdi sete quilos – Cleofas respondeu com entusiasmo. E emendou: – Por que você também não faz?

Cláudio gostou da ideia:

— Vou começar agora mesmo.

Os dois comeram naquela noite nada menos que oito mangas (quatro cada um) e tomaram alguns copos de água. Cleofas assinou a conta. Semanas depois, surge uma mensagem da secretária de Alexandrino, fundador do Grupo e pai de Luiz Garcia, pedindo que Cleofas fosse a Uberlândia urgentemente. O que poderia ser tão urgente? Preocupado, reviu com "denodada atenção" os planos da empresa e os últimos acontecimentos, preparando-se ao máximo para o "grande encontro".

Embarcou no dia seguinte em um avião Bandeirante no aeroporto Santos-Dumont. Ansioso, entrou no escritório de Alexandrino antes das 11 da manhã.

— Como vão os negócios? – perguntou o velho da boina. — Mas... Antes de me responder, gostaria que o senhor me explicasse outro assunto.

Cleofas, ansioso, tremeu.

— O senhor deve tomar mais cuidado com essas contas de hotéis, Alexandrino foi logo dizendo. Eles costumam se valer da distração das pessoas e colocam na conta o que bem entendem. Veja aqui: o senhor assinou esta conta de jantar. Oito mangas em um jantar! Como é possível?

O tema da conversa era tão banal quanto insólito. Até porque, comparado a outras contas referentes a jantares e almoços com clientes "de alto quilate", o valor das oito mangas era irrisório. Por que o presidente-fundador de um Grupo tão grande e importante se preocupava com uma coisa tão pequena?

— O senhor não percebeu, dr. Alexandrino, mas estou 13 kg mais magro, Cleofas argumentou. Terminei há poucos dias a famosa dieta de Beverly Hills. E, naquele dia, convenci o Cláudio a também aderir a essa dieta.

Alexandrino encarou o interlocutor com seriedade e respeito:

— Ah, eu *sabia* que tinha alguma coisa esquisita nessa conta! – disse aliviado.

"Moral da história: os grandes líderes, os construtores de algo significativo, têm de se preocupar com pequenos detalhes, pois o diabo, assim como Deus, está nos detalhes", Cleofas sorri. "Pois aí começou minha adoração pelos Garcia: gente simples, persistente, audaz, curiosa, gentil e de conduta impecável."

Anos depois, Cleofas foi sucedido por Luiz Garcia na presidência da Telebrasil. "Além de conduzir com competência a entidade, deve-se ao Luiz a criação do Sinditelebrasil, da Febratel, que tantos serviços vêm prestando à sociedade. O que mais caracteriza o Luiz é o seu amor pelo trabalho, pelos amigos e pela família. Ele possui singularidades muito interessantes. Mas o que mais me chama a atenção nele é a simplicidade."

Um dia, eu mesmo, tímida e cautelosamente, perguntei-lhe assim: a maioria das pessoas (de todos os níveis) normalmente se refere ao senhor como "um homem simples". Então, na sua visão, o que isso quer dizer? *Um homem simples é aquele que chora, ri e compartilha com os demais todos os momentos de sua vida, que não se sente maior nem menor que ninguém, que sente orgulho, mas não é orgulhoso etc. etc. etc.*

O senso comum costuma associar simplicidade à rusticidade. Se você repara no braço direito de Luiz Garcia, nota um contraste interessante. A pele curtida de sol é áspera e grossa, e os pelos abundantes são prateados pela idade. Quando eu ia anotar apressadamente o termo "rústico" no meu caderno, percebi que no outro braço, o esquerdo, havia um Rolex, o velho Rolex dourado de sempre.

Apesar dos anos, Luiz Garcia possui uma força bruta imanente, talvez selvagem, exalada por seu contato indiscreto com a terra, o fogo e o ar. Enfrentou com altivez, em 2010, um problema de articulação nos joelhos, adquirido "jogando tênis na quadra dura de minha casa". O problema cresceu, subiu para os quadris e agora o impede de caminhar no prumo, obrigando-o a evitar passos longos. Diga-me um aspecto positivo e um negativo de se ter 75 anos? *O direito de falar o que pensa e sente, ter dores nas costas, nos joelhos etc. etc.*

Embora a memória às vezes falhe, as limitações de Luiz Garcia hoje são mais físicas que mentais. "A atual condição física acaba diminuindo um pouco o ímpeto aventureiro dele", diz o ex-genro Lucas Neiva, companheiro de viagens de barco. "Mas ele não deixou de se aventurar, não. Apenas passou a transferir certas funções para quem estiver perto na hora e quiser dar apoio às imprudências dele. O fato é que isso gera um pouco de insegurança. Ele quer correr riscos e a pessoa ao lado fica numa posição complicada, desconfortável. Porque, no que depender dele, não há limites."

Alair Martins, velho amigo, sentiu esse "desconforto" mais de uma vez em "situações aéreas". Ele, Luiz (pai e filho), o ex-prefeito Virgílio Galassi e outros decolaram de Uberlândia num dos aviões da Algar Aviation rumo a Santa Catarina. O propósito era visitar empresas do interior catarinense e, dentro do possível, atraí-las para Uberlândia, "a capital do Triângulo". Na volta, Virgílio pediu que pousassem em Joinville, onde havia feito um pré-contato.

No meio do caminho, porém, o céu transformou-se numa gigantesca massa de chumbo. Fagulhas elétricas pipocavam no horizonte, prenunciando o apocalipse. Como pousar em Joinville naquelas condições? "Luiz falou com o Wilson [o piloto] assim: 'Desce, desce aqui, desce aqui'. 'Dr. Luiz, estou tentando me comunicar com Joinville, mas o rádio de lá não responde'. E o Luiz: 'Desce, fura, fura a camada aí, pô!'."

Se a posição do Wilson, comandante tarimbado, era complicada, imagine a de Alair, um *gentleman*. "Percebi que Wilson estava receoso de contrariar o 'chefe'. Então falei: 'Ô, Luiz, peraí, não é prudente, e, afinal de contas, estamos todos aqui, incluindo o seu filho, né?'. Ele não se deu por convencido, mas senti que pelo menos o deixei meio que intrigado. Quando insistiu de novo, voltei à carga: 'Não vamos arriscar a nossa vida assim, não. Por favor!'."

Alair diz-se o oposto do aventureiro. Adora se aventurar no dia a dia empresarial, mas lançar o próprio corpo no improvável nunca foi de seu feitio. "Mas, sabe, ele é atirado, mas não é irresponsável. Acabou aceitando meu argumento. Por fim, descemos com segurança em Curitiba e o Virgílio seguiu sozinho de carro até Joinville."

Os investimentos de Luiz Garcia no âmbito do lazer também costumam ser de tal risco que a esposa Ophélia passou a se recusar a embarcar com o marido em seus aviões e barcos. Conforme o destino e as circunstâncias, ela até prefere ficar em casa, quietinha, porque o Luiz não respeita os limites dos outros, não tolera roteiros e *scripts*, nunca retorna pelo mesmo caminho da ida, aprecia as rotas mais difíceis, tem uma dificuldade danada de simplesmente desligar as turbinas para ficar só observando os passarinhos e vive querendo quebrar seus próprios recordes de teimosia e imprudência. "Assim não dá", Ophélia ultimou.

A história dos Garcia com aviões e barcos reforçou o potencial de aventura de Luiz. O prazer da família em navegar é antigo. Luiz Alexandre, o filho mais novo, conta que ainda era criança quando sua família foi convidada a passar um fim de semana às margens da Represa de Jaguara, formada pelas águas do rio Grande, divisa de Minas com São Paulo, onde fica a Hidroelétrica de Jaguara, administrada pela Cemig. Luiz Alexandre lembra-se que a casa de férias que frequentavam era perto de Sacramento (MG).

"A relação do papai com o mar é antiga. Tio Agenor, irmão do meu avô Alexandrino, tinha apartamento em Santos (SP). Eu era bebê, mas contam que íamos muito para Santos. O primeiro contato do papai com uma lancha a motor não foi no mar, mas em Jaguara. Ele devia ter 40 e poucos anos. Depois disso, aprendeu a esquiar. Daí, começou a esquiar no rio do Praia Clube com amigos, em Uberlândia. E, nos feriados, acampávamos em Jaguara. Lá ele ensinou esqui para mim e para Ana Marta, minha irmã."

Além de uma lancha com motor, Luiz velejava num *hobie cat*, posteriormente levado para Porto Seguro (BA), onde a família possui casa de praia. "Lá, ele deu muita vazão a esse prazer que sente em levar as coisas ao extremo. Saía cedo, ia longe e só voltava com o barquinho para casa à noite. Mas o *hobie cat* é para pequenos trajetos e ele estava forçando demais, entende? Então, resolvemos comprar um trimarã de 30 pés [9,14 metros], com cabine para três pessoas, GPS, gerador eólico de eletricidade, rádio e um motor de popa Honda de 20HPs. Pode atingir uma velocidade de 17 milhas e navegar em águas de pouca profundidade."

O trimarã (Corsair F-28), batizado de Mineirinho, importado, entrou no Brasil pelo Porto de Paranaguá (PR), em 2000. Luiz encontrou Lucas no Paraná e, juntamente com um *skipper* (marinheiro-piloto), conduziu o veleiro até a Bahia. "Velejamos próximos à costa, beirando a Ilha do Mel, a Ilha do Cardoso, Cananeia e tal, antes de entrar em mar aberto. À noite, ele começou a gritar comigo de repente. Gritar, gritar. Fui com a lanterna ver o que era: atolamos num mangue. E ele nervoso, gritando, gritando comigo", conta Lucas.

Com muito custo e alguma ajuda especializada, conseguiram localizar a rota certa. Passada a tensão, atracaram em Ariri (SP), onde dormiram. "No dia seguinte, ele me perguntou: 'Você está com raiva de mim?'. Respondi: 'Do senhor, não. De mim!'. 'Ué, por quê?' 'Porque estou aqui. Eu não devia estar aqui.' E ele: 'Agora não entendo mais nada'. 'Ah, o senhor entende, sim.' 'Você me desculpa?' 'Está bem, mas, antes de gritar, o senhor devia ter mais paciência. A situação é nova para todos. A gente acabou de conhecer o *skipper*.' E ele: 'é'."

PERNILONGOS NO ÁRTICO

Tomou gosto por vela oceânica esportiva e, apesar de o Mineirinho ter sido facilmente domado, não o trocou por um barco mais desafiador. Luiz Alexandre, por sua vez, adepto também das experiências de navegação marítima, comprou um veleiro, o Luar, catamarã Privilege, de 62 pés (19 metros) de comprimento por 19 pés (9 metros) de largura, com quatro cabines com suíte, duas cabines de popa, uma central (para o comandante) e uma de proa (para o *skipper*). O Luar está equipado com dessalinizador, televisão, internet por rádio, cozinha completa etc.

Luiz Garcia, Lucas e o *skipper* Rony, responsável permanente pelo veleiro, atravessaram o Atlântico duas vezes com o Luar. Na primeira, em 2006, participaram da experiência o pernambucano Carlão, motorista particular de Luiz Garcia, e o médico Paulo Demenato, então ligado à família Rolim Amaro, controladora da TAM. Partiram de Cascais, Portugal, dispostos a descobrir a América. Destino: Recife.

"A previsão era de ondas de até 6 metros de altura nos dias seguintes", lembra Lucas. "E o dr. Luiz achando que era excesso de zelo do *skipper* (Rony): 'Ah, que bobagem!'. Ficamos 3 dias no Algarve, até passar a frente fria. Antes de chegar às Ilhas Canárias, o radar deu pane. O Rony só queria velejar com o radar 100%. Daí, o dr. Luiz deu um *deadline* para o Rony: 'ou esse radar fica pronto amanhã ou a gente parte com ele ou sem ele'."

Enquanto aguardavam o reparo, que demorou 5 dias, circularam pelas Canárias. Descobriram um pequeno restaurante: "A melhor *paella* das Canárias". Era um domingo, encomendaram a tal *paella* e levaram a comida para o barco. Qual vinho? "Vamos abrir um Chateauneuf du Pape", Carlão falou, todo prosa. Abriram, serviram, brindaram. Lá pelas tantas, Luiz Garcia soltou esta: "Puxa, até o meu segurança já sabe qual é o melhor vinho!". Riram um bocado, como se não soubessem que havia um "motim" sendo preparado.

Luiz Garcia transita com desenvoltura no fio da navalha que une a temeridade à imprevidência. Nessas horas, sua fama de teimoso vem à tona de maneira espetacular. "Insistia para que eu apoiasse a posição dele em relação ao radar, em relação a partirmos sem o radar 100%. Por cautela, falei: 'Tudo bem, desde que o Luiz Alexandre autorize, já que ele é o dono do barco. Caso contrário, estou fora'. Achei que devia ser comedido e foi o que fiz, mesmo correndo o risco de não ser compreendido", Lucas recorda.

Ao tomar conhecimento dessa história, não resisti. Perguntei-lhe, por e-mail: "O senhor se considera mais teimoso que maleável ou mais maleável que teimoso?". Luiz Garcia vinha sendo lacônico comigo tanto na escrita quanto na fala, mas se superou: *Os que me conhecem dizem que sou mais teimoso. Particularmente, quando acredito numa coisa, não abro mão de meu ponto de vista. Ou convenço meus pares ou sou convencido por eles.*

Consta que, durante a primeira travessia atlântica, Luiz Garcia nutriu uma prosa longa com o médico Paulo Demenato a respeito de operações da Tam. No mais, silêncio. E ele, um homem tão ligado nos 220 volts, tão permanentemente ocupado com negócios... Em que será que ele pensava nas "horas mortas" (maior parte do tempo de uma navegação dessas, segundo os tripulantes)? *Não havia tempo pra pensar. À noite, via documentários (caixas de DVDs) sobre a Primeira e a Segunda Guerra Mundial (pela ótica dos alemães) e também me dediquei à leitura.*

Não foi capaz de localizar o diário de bordo da primeira travessia antes deste livro ser publicado. O da segunda travessia (Canárias-Caribe), no mesmo Luar, ele me forneceu (em Word):

15 de novembro de 2008, sábado.
A viagem continua normal, um pouco mareada, mas sem grandes problemas. Decidimos ontem que os turnos serão de 4 horas e fiquei com o turno da meia-noite. Esperávamos uma média de dez nós, porém estamos com média de seis. Velejamos todo o dia somente com a vela Geneca, que é um balão triangular. Precisamos usar um pouco o motor. A primeira seção de cinema foi ótima, sobre a vida do Papa João Paulo II.

"Pegamos um peixe grande, uma albacora. Devia ter mais de 200 kg", Lucas relembra. "O peixe puxava, tomava linha e ia embora até quase acabar o carretel. Lutamos com o peixe, o cansamos. Foram quase 2 horas de peleja. O bicho também foi cansando todo mundo, um por um. Uma luta incrível. Mas não tiramos o peixe da água. Só fotografamos ele pertinho do barco. Se tivéssemos tirado ele do mar, teríamos cometido um crime ambiental. E mais: os *freezers* estavam lotados."

Quinta-feira, 20.
Somente hoje caiu a ficha de que poderíamos ter tomado o Luar em Cabo Verde. Existe linha aérea regular partindo do Recife para a Ilha do Sal. Ainda estamos navegando em suas costas, sem avistar terra. Porém, pássaros voam próximos ao Luar. Na verdade, abandonamos a rota direta, mais ao norte, temendo calmaria dentro de 2 dias projetada na tela de previsões meteorológicas. Resultado dessa mudança: percurso mais longo, com mais dias de navegação.
Esta noite me bateu um pensamento negativo do que estava fazendo: se meu lugar não era em casa, no escritório, por que não

aproveitar que estou próximo de Cabo Verde e então retornar? Mas logo apaguei esse pensamento. Preciso abrir caminho para os novos talentos.

No almoço, abrimos outra lata de feijoada e a sessão de cinema está sendo a história da Primeira Guerra (1914-1918). Continuo lendo o livro O grande amigo de Deus, *da escritora Taylor Caldwell, americana, muito bom, presente recebido do Kaká, pouco antes de seu falecimento.*

Sexta-feira, 21.

O fato mais relevante do dia foi a pesca de um peixe enorme, que deu muito trabalho. Lutamos com o mesmo. O barco, que estava a motor, diminuiu sua marcha ao mínimo e nós três, revezando por quase 1 hora, mais o Lucas, tentamos tirar o peixe fora d'água. Até então, não sabíamos do que se tratava. Um tubarão? Não, é um dourado e dos grandes! Por fim, exaustos, o peixe e o Lucas, o "bichão" começou a dar as caras na superfície e vimos tratar-se de um salmão, de 1,5 metro. Guerreiro.

Ficamos perguntando para nós mesmos o que iremos fazer? Não temos espaço no freezer! Então é melhor soltá-lo, ora! Será que sua carne é boa para fazer sashimi? Sim. O Rony, de luvas, foi puxando a linha de multifilamento, mas ela se rompeu bem próxima ao anzol e o salmão se foi, para alegria de todos nós. Foi um momento único, prazeroso e esportivo. O resto do dia seguiu sua sequência natural, sem vento.

Segunda-feira, 24.

Hoje está sendo outro dia normal de calmaria, um motor ligado, velocidade de 6 knots. O almoço, como era de se esperar, foi *sushi com vinho rosê e saquê quente e, logo após, um caldo quente para arrematar. Recebemos e-mail do Luiz Alexandre dizendo que nos enviaria o Lear em vez do TBM, porque o Lear voa mais rápido. Demos boas risadas. Para quem está andando a 10 km/h, 600 para 900 km/h não faz a mínima diferença.*

Logo após nosso almoço, Luiz Alexandre chamou por telefone. Impressionante como o nosso aparelho fala bem via satélite.

Dei um desafio para o Lucas: ler O grande amigo de Deus.

Terça-feira, 25.

O Lucas está lendo o livro com acuidade. Estou gostando de ver.

O vento hoje deu sua cara. Desligamos os motores e estamos a 7 knots *apenas nas velas. Hoje o Rony fez uma previsão de chegada nas Bahamas segunda ou terça-feira. Assim, vou poder honrar meus compromissos a tempo e hora.*

Estou escrevendo meu discurso do Prodex. Já perdi algumas páginas por deficiência do computador, mas não achei ruim, pois o que mais temos aqui é tempo. Por incrível que pareça, terça feira, 1 hora da tarde, estamos tomando champanhe rosé. O almoço será paella.

Quarta-feira, 26.

A paella *era enlatada, arroz com pequenos camarões, um pouco salgada, mas o que valeu mesmo foi a champanhe. Navegamos à vela a noite toda, com ventos variando muito sua direção, obrigando um reposicionamento. Como apenas o Rony o faz, cobriu meu turno. Portanto, pude dormir a noite toda ou, melhor dizendo, ficar na cama. De madrugadazinha, choveu um pouco.*

Luiz Alexandre telefonou e eu lhe pedi que mandasse o TBM, pois, como meu compromisso no Rio é apenas na sexta, pretendo passar em Pacajá, Porto Franco e Balsas.

Esse diário dá a impressão de que Luiz Garcia estava mais ocupado com o futuro do que com o presente. Como ele pensa muito lá na frente, o agora pode tender ao tédio. Atravessou o Atlântico também pelo ar e escreveu um diário (igualmente pouco entusiasmado) sobre isso. A jornada foi num Socata TBM 850, turbo-hélice monomotor, em companhia da pilota alemã Margareth, "senhora de aspecto agradável". Segundo ele me disse, o traslado deste tipo de aeronave da Europa para a América é feito via Polo Norte.

Vislumbrei a oportunidade de conhecer uma parte do mundo ainda virgem para mim. Foi uma viagem de lazer em que agreguei conhecimento de uma região que dificilmente eu iria conhecer. Ledo engano, pois, 2 meses depois de minha chegada, a Ericsson nos convidou para ver uma operação de televisão via internet na Groenlândia, indo o Luiz Alexandre. A senhora Margareth, mulher espetacular, profissional autônoma, vive de fazer esses traslados e com uma agenda apertadíssima.

Primeiro voaram de Tarbes (França) para Glasgow (Escócia). Após a decolagem, Margareth entregou os comandos ao "carona". Luiz Garcia não conseguiu dominar o pássaro, mas apreciou "o desempenho da aeronave". Como não havia nada para comer no avião (e espaço, menos ainda), desceram na capital escocesa, famintos. Seu diário não é claro quanto a datas, mas, numa manhã de um dia 13, fizeram uma escala em Keflavik (Islândia) e depois...

...rumamos para Narsarsuaq, na ponta sul da Groenlândia, possessão dinamarquesa, bem no meio dos fiordes. Aspecto lunar, montanhas e muito gelo. O pequeno aeroporto, encravado entre as montanhas, separado por braços de mar, nos deu uma visão nunca vista dos icebergs, centenas, talvez milhares, pontuando todos aqueles braços de mar. Impressionou-me o tamanho dos pernilongos, que invadiram a cabine do avião e nos deram trabalho para matá-los. Pernilongos no Ártico!

Voamos para o Canadá, na cidade de Sept Îles, nome em francês, onde abastecemos. Eu quis ajudar com o anticongelante que se adiciona no combustível, mas descobri que não era necessário por já estar incorporado, prática usada também nos Estados Unidos. Na terceira perna de voo, chegamos à Pensilvânia, na cidade de Wilkes, onde mora a Margareth. Seu marido e a filha de 17 anos estavam à nossa espera. Deixaram-me num hotel próximo, onde fiz a primeira refeição do dia.

Em Orlando, juntamente com Luciano Pereira, piloto da Algar Aviation, fez um curso com o simulador do TBM 850:

Os três dias da travessia Europa-Estados Unidos foram muito bons para ter uma visão prática desse instrumento. Em princípio, tive dificuldades em me adaptar ao simulador de voo. Mas não deixei cair nem uma vez! Impressionante a destreza do Luciano. Tivemos aula no sábado, dia 21, com avaliação através de 50 perguntas com consulta plena. No domingo, houve apreciação das provas e voo no simulador, só que, na minha vez, o simulador quebrou.

Os links da memória

Luiz Garcia sempre adorou esportes, principalmente natação e tênis. Por volta dos 70 anos de idade, seu joelho acabou. Prescreveram-lhe uma cirurgia mais complexa que as anteriores, mas ele se recusou. "Quando você tem um problema num membro, começa a compensar na forma de andar ou de sentar. E isso acabou causando um problema também na lombar", explica Luiz Alexandre. "O joelho certamente agravou a lombar e vice-versa. Anda com dificuldade porque sente dores nas costas, mas papai sempre teve uma grande força física. Era capaz de fazer muita coisa por longas horas."

Em 2011, já não pedala a Magrela, bicicleta esportiva que usava para se transportar ao longo de 7 km até a casa de sua centenária mãe, Maria Garcia, que fica perto de sede da *holding* da Algar, no bairro Umuarama. Além de fisioterapia, RPG e, às vezes, um pouco de natação com acompanhamento técnico, lida hoje com aventuras menos perigosas. "O bom é que papai tem uma alimentação controlada. Evita gorduras e açúcar, bebe pouco, apenas socialmente mesmo, e agora pode ter uma agenda flexível. A função dele agora é mais estratégica, de decisão", Luiz Alexandre detalha.

De muitos amigos, mas de pouco convívio (atualmente), Luiz Garcia considera-se mentalmente ligado ainda a José Augusto Pinherio (Zé Baguinho) e ao filho deste, Éder. *O Wilson Reimassas e eu éramos inseparáveis. De sair todo fim de semana, de frequentar a casa um do outro. O Wilson vendeu sua fábrica de macarrão e aplicou o dinheiro num posto de gasolina. Parece que preferiu fugir de todas as pessoas. Tentei me reaproximar dele, sem sucesso. Outro colega desde a infância é Ubirajara, que hoje está na Cooperativa de Crédito. Para ele, é Jesus no céu e eu na terra.*

Luiz Alexandre vê no pai uma "característica de super-homem", talvez resquício da época em que não era permitido aos arrimos de família partilhar sentimentos e emoções. "Mas a gente compartilha muita coisa, sim. Temos uma afinidade interessante, porque somos pai, filho, amigos e colegas de trabalho. A gente consegue diferenciar bem os papéis. Além do mais, sempre praticamos esportes juntos. Ele me incentivou a esquiar, correr de kart, andar de moto. O pai da gente é um porto seguro, né? A confiança foi importante pra mim."

No entanto, os papéis parecem ter se invertido. O pai é quem agora se sente seguro com a presença do filho, na visão deste. "Quando viajamos – a gente gosta de viajar junto –, num restaurante ou hotel ele aceita bem, e até mesmo pede, a minha opinião, entende? Antes, ele liderava as programações, organizava tudo e eu só acompanhava. Claro, o filho acompanhando os pais. Agora, consigo tomar essa iniciativa, montar as agendas e fazer os programas em conjunto. Percebo que isso o deixa mais tranquilo."

A relação dos dois Luizes não é tão conflituosa quanto foi a de Alexandrino e Luiz Garcia, mas isso não significa calmaria. "Apesar de ele ter me influenciado, somos muito diferentes em termos de pensamento empresarial", compara Luiz Alexandre. "Sou muito mais estruturado e conservador que ele, enquanto ele é mais intuitivo e emocional. Tivemos algumas divergências, conflitos sérios de trabalho, mas sempre conseguimos resolver tudo no escritório mesmo. Ao contrário do meu avô, que resolvia tudo no almoço de domingo, procuro não falar de negócios em casa."

Alexandrino (falecido em 1993) e Luiz Garcia são verdadeiras lendas-vivas no Brasil Central. Inevitavelmente, Luiz Alexandre tem de lidar com esse legado onipresente de seu avô e seu pai. "Não me sinto nem um pouco apreensivo em trabalhar com o meu pai, nem me cobro acertar sempre. Papai não é do tipo que fica procurando erro e também não parabeniza muito os acertos, sabe? É o jeito dele. Se deu tudo muito certo, é obrigação; se deu errado, te convida a refletir para fazer melhor."

Luiz Alexandre trabalhou na Ericsson, da mesma maneira que Luiz Garcia, mas em épocas diferentes. Entrou no momento em que a multinacional estava lançando a telefonia celular no Brasil, mas não se adaptou em São Paulo. Aquele é o último lugar que escolheria para morar. Suportou a vida estressante, o trânsito insano, o mau funcionamento das coisas por apenas 1 ano e meio. "Em 1993, meu pai foi fazer um curso na Georgetown University, em Washington, e me disse que gostaria que eu ingressasse na Algar. Então fui trabalhar exatamente na CTBC Celular."

Participou de uma dinâmica de grupo com três pessoas. Recorda que a psicóloga parecia não querer que ele ingressasse na empresa. "Mas, sem falsa modéstia, eu tinha a melhor preparação para assumir aquela posição, que era de coordenador de telefonia celular. Fiquei nessa função por 2 anos. Na época, a CTBC Celular era pequena. Tínhamos celular em apenas três localidades: Uberlândia, Uberaba e Franca. Vendíamos menos de dez celulares por mês."

Na sede da *holding*, há um grande painel no qual Alexandre e o pai aparecem com seus braços direitos encaixados um no outro, dando ideia de força, coerência e harmonia. Pai como tronco, filho como ramal. A história de Luiz Garcia é bem longa: testemunhou todas as mudanças decisivas ocorridas no país e nas telecomunicações nos últimos 50 anos. Sua existência permeia e conecta gerações e sistemas.

O consultor Ricardo Guimarães, da Thymus Branding, considera Luiz Garcia um "hífen": "O hífen é o 'entre', ou seja, o elemento que, ao mesmo tempo, une e separa. Ninguém vê, mas o Luiz, há décadas, vem ligando uma coisa na outra, estabelecendo elos, mantendo tudo junto e de pé". Guimarães conheceu Garcia em 2007, quando começou a desenvolver um projeto para a Algar. Naquele momento, Luiz Alexandre ascendia à posição oficial de CEO.

"Passar uma fábrica, um terreno, um estoque, um dinheiro é fácil. Você assina e entrega para o outro", acredita Guimarães. "Mas transmitir uma maneira de pensar, de relacionar, de conhecer, de estabelecer critérios, coisas intangíveis, enfim, é o grande desafio dos processos de transição na maioria das empresas." A abordagem da Thymus identificou, por meio de diálogos e pesquisas, que Luiz Garcia teve papel fundamental em vários ciclos históricos.

"Olhe isto", Ricardo me diz apontando com a caneta luminosa o *timeline* da Algar projetado num telão. "Luiz Garcia viveu intensamente toda a história da empresa. No entanto, não há uma efígie ou inscrição dizendo que foi ele o autor disso ou daquilo. Quando concluímos esse mapa, nós, aqui, nos perguntamos: 'Não é possível! Cadê ele?'. Não existe, por exemplo, o 'Período Luiz Alberto'. Mas quem alinhavou todas as fases? Ele."

O resultado do processo de reconfiguração da monomarca Algar não constrangeu nem preocupou o "velho mestre". O consultor interpretou essa leveza e naturalidade da seguinte forma: "Há uma expressão em francês muito boa para descrever isso: *être bien dans sa peau (estar bem em sua própria pele)*. Se você está bem consigo mesmo, está bem em qualquer lugar ou situação. Até porque não há muita distância entre o que o Luiz pensa, fala e faz. Mesmo não concordando, você confia nele, sabe que ele está sendo sincero".

Em 2003, durante o *talkshow* do Prodex (Programa de Desenvolvimento de Executivos) da Algar, o diretor Celso Machado perguntou a Luiz Garcia: "dr. Luiz, do que o senhor tem mais orgulho, de ser filho do sr. Alexandrino ou de ser pai do Luiz Alexandre?". *Acho que já dei essa resposta outras vezes. Eu gostaria demais que meus filhos tivessem o pai que eu tive. Mas prefiro não me arriscar a dizer que sou tão importante para meus filhos quanto o sr. Alexandrino foi pra mim.*

Nascer, crescendo

SVB: *O que é ambição?*
LAG: *Ambição é não estar contente com o* status quo.
SVB: *E "vencer na vida"?*
LAG: *Ter as necessidades atendidas.*

Nos anos 1940, as avenidas principais de Uberlândia, como a Afonso Pena, eram de paralelepípedos e havia árvores por toda a região central. Com menos de 50 mil habitantes, a cidade era pequena e provinciana, mas o dinamismo se impunha. A economia local começou na região conhecida como Fundinho e, com o tempo, foi subindo as colinas até atingir o bairro onde fica o aeroporto.

Uberlândia sempre teve vocação para centro distribuidor, por isso há grandes atacadistas aqui até hoje. Mas as empresas atacadistas nasciam, cresciam e desapareciam conforme as transformações sociais e econômicas. Muitos empresários do setor atacadista não conseguiam passar de um ciclo para o outro. Isso está bem claro na minha memória. Por exemplo: não passaram do carroção de boi para o caminhão; das vendas a prazo para as vendas à vista; da contabilidade mecanizada para a contabilidade informatizada.

O primeiro ciclo de desenvolvimento de Uberlândia deu-se com a chegada do telégrafo e dos trilhos da Cia. Mogiana de

Estradas de Ferro. O ex-prefeito Virgílio Galassi (1923-2008), em depoimento ao Centro de Memória Algar[1], recordou-se das "seis ou sete charqueadas" da época de sua infância e das máquinas de beneficiamento de arroz. Uberlândia chegou a ter mais de 200 dessas máquinas: "A cidade já era um polo agropastoril, mas o sonho coletivo, com o tempo, foi além: tornar-se centro referencial latino-americano em telemedicina e polo de comunicações, o que de fato aconteceu".

O coronel Clarimundo Carneiro construiu a hidroelétrica dos Dias, uns 500 metros abaixo do Anel Viário. Décadas depois, ela foi vendida para a companhia Prada, que não conseguiu atender à nossa necessidade crescente de energia elétrica. Então, o Rondon [Rondon Pacheco, governador de Minas Gerais entre 1971 e 1975] conseguiu que a Cemig comprasse a Prada. Daí a nossa economia disparou. Importante dizer que temos duas histórias: uma antes e outra depois do Rondon.

Clarimundo Carneiro foi um empresário bem-sucedido no início do século XX. Debaixo da praça com seu nome, no centro, existiu um cemitério que foi desativado em 1898. Os moradores, preocupados com as doenças transmitidas pelos "bichos" que viviam ali, resolveram demolir tudo e construir um jardim. Consta, "a bem da verdade", que os restos mortais de apenas duas pessoas foram para o novo cemitério, o que revoltou os parentes dos outros mortos.

Antes de se chamar Clarimundo Carneiro, a praça teve dois nomes: Liberdade (1909) e Antônio Carlos (1929). Abrigou o

---

[1] Setor responsável pela geração e preservação de acervos (objetos, documentos, imagens e relatos orais) sobre a história e a cultura do Grupo Algar; referência para ações institucionais, treinamentos e pesquisadores de outras organizações.

Paço Municipal, a Câmara e a Prefeitura (o antigo prédio desta transformou-se no Museu Municipal, que conta um pouco da história da cidade). O Coreto é escrito assim, com letra maiúscula, por ter sido obra da própria população, sem ajuda do poder público. De cima do Coreto, viam-se os namorados e ouviam-se as orquestrações meio desencontradas dos diversos realejos.

Bem perto dali, havia uma casa de esquina, ao lado de uma empresa de beneficiamento de arroz, onde se localizaram as Faculdades de Ciências Econômicas. Uberlândia, por sua localização central estratégica no Triângulo Mineiro, nas fronteiras de Minas com São Paulo, Goiás e Mato Grosso do Sul, atraiu desbravadores desde o final do século XIX – primeiro agropecuaristas e, mais tarde, multinacionais de alta tecnologia.

O destino parece ter superado as expectativas inaugurais: em 2011, foram instaladas grandes marcas, como American Express, Cargil, Souza Cruz, Novartis, Monsanto, Arcom, Peixoto, União, os grupos Martins e Algar e muitas outras organizações importantes. *Prevaleceu a ideia de que devíamos ser uma cidade diferente, talvez um exemplo para o país. Esse processo vem de longe. Envolveu primeiro centenas, depois milhares de pessoas. O call center da atual Algar Telecom, por exemplo, foi o primeiro edifício inteligente do gênero na América Latina.*

Alexandrino Garcia (1907-1993), pai de Luiz Garcia, integrou o grupo das "centenas de pessoas" que protagonizaram a história moderna de Uberlândia. Nascido em Lapa do Lobo – Concelho de Nelas, distrito de Vizeu, Portugal –, Alexandrino veio para o Brasil em 1919, quando tinha 12 anos de idade. Trabalhou primeiro como auxiliar de limpeza e, depois, como servente de pedreiro. Suas irmãs eram empregadas domésticas.

O patriarca José Alves Garcia comprou, com muito custo, um pedaço de chão na antiga Rua 13 de Maio (atual Princesa Isabel). Com uma casa, a vida dos Garcia pôde estruturar-se melhor. A matriarca Josefina plantava verduras na chácara e José a ajudava no serviço pesado. Com o dia ainda escuro, ele arrumava sua carroça e ia fazer seus fretes. A casa era de pau a pique e o chão era de terra batida. O banheiro ficava do lado de fora.

O jovem Alexandrino trabalhou nas Oficinas Crosara, com Vittorio Siquierolli, e aprendeu mecânica com o tio João Agostinho. Em seguida, foi trabalhar numa oficina da Ford, onde aprendeu a dirigir, e seu pai, José, seguia labutando com sua carroça. Até que um dia José pôde comprar um caminhão Ford e colocar os filhos, Alexandrino e José Maria, para dirigi-lo, transportando mercadorias para Bananeiras, atual Goiatuba (GO).

O primeiro grande desafio dos empresários uberlandenses das primeiras décadas do século XX foi exatamente a formação de um sistema viário. As estradas eram ruins, dificultando o desenvolvimento da região, que é um ponto de confluência da maioria dos caminhos que levam ao Brasil central. Quem hoje experimenta as ótimas interligações rodoviárias não pode imaginar como elas eram nos anos 1920 e 1930.

A primeira experiência empresarial pessoal de Alexandrino, no entanto, não foi no setor de transporte. Ele e o tio João montaram uma cerealista em Nova Esplanada (hoje Planura), na divisa de Minas com São Paulo. Como o negócio não rendia o suficiente, e sendo ele bom mecânico, decidiu prestar serviços de manutenção em máquinas de beneficiamento de arroz. Isso foi em 1929, mesmo ano em que se casou com Maria Silva.

Com os seis contos de réis economizados a duras penas, Alexandrino adquiriu uma casa na Rua Benjamin Constant, 293. Nessa casa, nasceram os filhos Walter, Eleusa, Vilma (falecida ainda bebê) e Luiz Alberto.

Trabalhar, poupar, empregar os parentes portugueses e brasileiros: eis a visão de mundo dos primeiros Garcia do Triângulo Mineiro. Em função desse pensamento, organizavam-se, associavam-se, empreendiam. Em outra iniciativa caseira, nasceu a segunda cerealista, que funcionou muito melhor que a primeira.

Mecânico habilidoso, Alexandrino redesenhou peças da máquina de beneficiamento arroz, assim como algumas engrenagens, e conseguiu aumentar a produtividade de 40 para 100 sacas por dia. Dedicou-se a esse empreendimento por muitos anos, dia e noite, morando bem em frente ao negócio. Bastava atravessar a Avenida Afonso Pena que já estava na José Alves Garcia & Filhos.

O primeiro empregado foi o fiel Elpídio, que acompanhou os Garcia até o fim da vida. Posteriormente, a empresa passou a se chamar Alexandrino Garcia & Irmãos. *Então, sendo tão próxima, havia uma interação muito grande, sim. A máquina de beneficiar arroz era praticamente parte da nossa casa. A gente acabava participando dos negócios do papai de alguma forma. Eu era menino. Brinquei muito naquelas pilhas de arroz.*

Há um aspecto interessante sobre o beneficiamento de arroz. Como as safras eram de 3, 4 meses, algum estoque tinha de ser mantido por mais quatro. Ou seja, a famosa máquina de Alexandrino produzia durante 8 a 9 meses por ano, em média. O que fazer, então, durante a entressafra? Desmontar, cuidar, revigorar, lubrificar e fundir novamente as pedras de moenda, que descascavam o arroz.

Gostava muito de ver aquilo tudo debulhado lá no piso e, quando começava a safra, a máquina funcionava sem parar. Não podia quebrar durante a safra de jeito nenhum. Se isso acontecesse, era um "Deus nos acuda". As máquinas eram movidas por um eixo. Só tinha um motor, ou "árvore de transmissão", como se diz em engenharia. Papai não era apenas hábil com máquinas. Ele simplesmente adorava esse particular, a mecânica das coisas.

Rabo de tatu

As famílias daquele tempo – não apenas as de origem portuguesa – cultivavam uma hierarquia rígida dentro de casa. O protagonista era sempre o pai e a esposa era coadjuvante, à frente do primogênito. Os filhos mais velhos tinham autoridade sobre os mais jovens, independentemente de gênero. O caçula Luiz tinha de obedecer também à Eleusa, irmã do meio. *Eu só mandava no gato e no cachorro.* [risos]

Ninguém podia almoçar ou jantar sem a presença de Alexandrino. Caso ele se atrasasse por alguma razão, todos ficavam diante da comida, esperando-o. Só pai e mãe podiam falar à mesa, as crianças não. Mas o menino Luiz, ao contrário de Walter e Eleusa, metia-se nos assuntos, fazia intervenções. Maria arrepiava-se, temia que Luiz azedasse o humor do pai e estragasse o sagrado ritual das refeições.

Eu gostava dele demais da conta, mas ele era durão. Não me lembro dele passando a mão na cabeça da gente, não. Quando pegava para bater, batia mesmo.

Uma dessas surras ficou gravada na memória de Luiz. Fiéis às origens portuguesas, os Garcia adoram bacalhau. O armazém de Dejanir Grama ficava a dois quarteirões da casa. Maria disse:

— Filho, vai lá comprar o bacalhau, mas, se for cação, não traz, porque seu pai não gosta de cação, tá?

Luiz correu até a venda.

— Seu Dejanir, a minha mãe quer bacalhau. Cação, não – enfatizou o menino.
— Toma aqui. Leva para sua mãe ver com os próprios olhos dela – ordenou o Dejanir.

Levei o peixe para casa. Não sei por que cargas d'água minha mãe tinha saído. Eu queria resolver aquele problema logo para ir brincar, mas fiquei com aquele bacalhau na mão.

O menino voltou ao armazém:

— Seu Dejanir, isso é bacalhau ou é cação, afinal?
— Menino, você não levou para sua mãe ver?
— Eu só quero saber se é bacalhau ou cação.

Se não me engano, ele garantiu que era bacalhau. Daí deixei o peixe em casa e fui brincar. Quando a minha mãe chegou, olhou o peixe em cima da mesa. "Ah, mas isso é cação! Vai lá agora devolver." Ai, meu Deus. E o seu Dejanir não aceitou.

"Falei que era para você mostrar para sua mãe antes, não falei?" Mamãe não perdoou: *"Volta lá agora e joga esse 'bacalhau' no armazém dele".* Feito.

Passado um tempo, Alexandrino, por acaso, descobre o ocorrido e vai tirar satisfações com o Dejanir, que não arreda pé de sua decisão. *Papai saiu daquele embate louco da vida. Entrou em casa e me deu uma surra "para eu largar de ser bobo". Minha mãe e uma amiga da família entraram no meio para me acudir. Sei que em seguida fugi de casa: "Não vou ficar mais aqui". Claro que voltei. Ah, o Dejanir tinha três filhas lindas. Uma tinha tendência de namorar comigo, mas, sendo filha daquele homem... Melhor não, né?*

Luiz era arteiro, garantem. Na época da Segunda Guerra (1939-1945), ele e outros moleques pulavam o muro do depósito do posto de gasolina do Joaquim Fonseca para roubar os lacres de chumbo dos tambores. Faziam soldadinhos com os lacres derretidos. *Gostava de fazer isso dentro de caixas de fósforos, por exemplo.*

Descoberta a traquinagem, Maria foi imediatamente informada. *Apanhei muito esse dia. Meu Deus, que surra! E o pior é que ela contou para o papai. Daí levei outra dele.*

Na época, os cavaleiros impunham-se sobre os animais, chicoteando-os com um rabo de tatu, cujo uso acabou estendido também às crianças levadas. Alexandrino e Maria mantinham um rabo de tatu pendurado no portal da cozinha. *Um dia, resolvi por fim naquilo: escondi a coisa no porão. Mas mamãe obrigou a gente a procurar. E não é que o objeto acabou aparecendo? Talvez não seja necessário dizer o que aconteceu... Apanhei de novo com o próprio rabo de tatu que eu tinha escondido.*

Alexandrino é o mentor maior da vida de Luiz Garcia, que o considera um verdadeiro sábio. Conta que, ainda no tempo dos mil réis, ele e Eleusa recebiam mesada. A de Eleusa era 5 mil, a dele 3 mil réis. Luiz nunca reclamou disso. *Mesada é um assunto importante. Você não pode dar muito nem pouco. Meu pai falava assim: "Olha, esse negócio de toda semana eu te dar dinheiro está ficando complicado. Vamos fazer o seguinte: o dinheiro que você precisar, você pega lá no caixa e assina um vale".*

Era uma prova de liberdade. Mas a experiência ensina que liberdade, quando aplicada sem limites, pode se tornar uma lâmina de dois gumes. *Eu chegava no caixa: "Dá aí um, me dá dois, me dá cinco". Tenho certeza absoluta de que papai conferia os vales que eu preenchia. Havia um teto, sim, mas nunca ultrapassei o limite. Era uma questão de confiança. Confiança e responsabilidade andam juntas. Essa, aliás, é uma forma de relacionamento que acredito e difundo até hoje.*

O primeiro prédio da Irmãos Garcia & Cia Ltda, nome dado à terceira fusão de empresas da família, agora atuando em setores diversos, foi construído também na Avenida Afonso Pena. Esse prédio abrigou, por muitos anos, a concessionária da Chevrolet e o posto de gasolina (Posto Avenida). O processo de concretagem das lajes era manual. A massa feita era carregada em latas, ombro a ombro. O processo tinha, obrigatoriamente, de ser concluído no mesmo dia, sob pena de comprometer a engenharia.

Os profissionais começavam às 6 da manhã e ralavam até terminar, fosse quando fosse. Ao meio-dia, sr. Alexandrino mandava enviar-lhes o almoço. Às 15 horas, ordenava a merenda da tarde, mais ou menos no mesmo horário em que Luiz costumava tomar o seu copo de Toddy com pão com manteiga. Mas, num daqueles dias de obra, Maria disse: "Não, você não vai tomar café agora. Vai primeiro levar o lanche dos empregados". E organizou os sanduíches, o leite e o café numa cesta de vime.

Luiz meteu a cesta na bicicleta e partiu. Já tinha se acostumado a encostar sua bicicleta à entrada da obra, pegar a cesta, subir com ela pelo andaime externo até o segundo piso e atingir o terceiro por um elevador improvisado. A operação do elevador era manual. O operador ouviu o chamado do menino e enviou o elevador, mas este não parou no segundo piso. Luiz colocou a cabeça para fora para que o operador o visse e corrigisse o trajeto da máquina.

Nesse momento, a armação em "xis" do elevador me acertou na cabeça. Fiquei preso entre o elevador e a armação. Subi de cabeça para baixo uma parte do trecho até o terceiro andar. Não deve ter sido uma pancada violenta, acho, porque o elevador, na verdade, era bem lento. Mas perdi os sentidos. De cabeça para baixo, preso apenas pela botina, fui sendo arrastado. Eu mesmo não vi nada. Sei de tudo isso porque me contaram. Dizem que foi uma gritaria danada.

Aluísio, o armador (profissional que interliga os ferros das lajes), segurou Luiz por um pé e Alexandrino agarrou o outro. Mas o Aluísio não aguentava mais reter o menino, porque estava segurando também o elevador – com as próprias mãos! Como Alexandrino tinha-o firme por um dos pés, Aluísio optou por firmar a máquina, a fim de evitar um desastre maior. No que Aluísio soltou, o corpo do garoto descreveu um movimento pendular.

Escapuli da mão do meu pai. Caí do terceiro andar em cima de um pneu, o pneu que amortecia o elevador ao final da descida. Isso tudo ocorreu enquanto eu estava desacordado. Alexandrino desceu desesperadamente até o térreo. Luiz foi levado para o hospital que hoje se chama São Francisco, no final da Avenida João Pinheiro. *Como ninguém aparecia para atender, meu pai meteu o pé na porta. Nesse momento, acordei. E me recordo muito claramente de ter ouvido (eu sentia muita dor): "Por que não põem fogo nessa porcaria?".* [risos]

Ninguém sabia que o hospital havia sido fechado e partiram em busca de outro. Luiz ficou 10 dias internado no São Lucas. O mais incrível é que não quebrou osso nenhum, apenas "deslocou" a perna esquerda. Por um momento, os médicos chegaram a pensar que a perna poderia ficar defeituosa para sempre. Depois de alguns dias, já em casa e tomando um banho morno à noite na banheira, Luiz conseguiu esticá-la. Maria chorou de alegria. *Esse acidente foi a gota d'água para me mandarem para o colégio interno.*

Maria sempre foi categórica em relação ao seu caçula: "Ele era da pá virada". Ela completou 99 anos de idade em 2010 e não tem doença grave, garante a filha Eleusa, que mora em Belo Horizonte há décadas. "O problema dela, no fundo, é a idade. Às vezes, quando telefono, sinto que ela rateia. Outras vezes, parece ótima e fala com lucidez. O Luiz, mesmo com a agenda apertada, visitou a mamãe diariamente durante a vida inteira. Admiro muito isso nele."

Certa ocasião, Maria, cansada de aplicar esparadrapo no corpo do moleque Luiz, queixou-se com o médico da família. E o dr. Domingos virou para ela e disse assim: *"Olha, prefiro en-*

canar braço e até mesmo perna de menino do que limpar baba". Olha que profundidade! Esse tipo de vivência não pode escapar da memória da gente, não. Nunca. Além do mais, as minhas brincadeiras eram apenas molecagens, coisa de criança. Acho que minha mãe exagerava um pouco ao falar de mim.

Pioneirismo central

O ex-prefeito de Uberlândia, Virgílio Galassi, foi grande amigo e admirador do trabalho de Alexandrino. Os dois, assim como outros empresários e políticos da região, integraram-se na vida uns dos outros de modo natural, calibrando as afinidades e construindo elos. Em depoimentos gravados para vários projetos – entre eles, o do Centro de Memória Algar –, Virgílio menciona a "dureza" do processo de entrada de Alexandrino no setor de telecomunicações nos anos 1950.

A servidora existente na época era a Empresa Telefônica Teixeirinha, de Tito Teixeira, um homem, no dizer de Galassi, "enfurecido por realizar coisas". Mas era uma época de enormes dificuldades, em que tudo estava por fazer e não havia recurso que bastasse. Os progressos dependiam muito do poder de relacionamento e convencimento dos empresários ao costurarem suas redes de parceiros e sócios.

Em 1950, Uberlândia crescia a olhos vistos, mas a infraestrutura não acompanhava. A economia local carecia principalmente de energia elétrica, estradas e comunicações eficientes. Até pouco antes de falecer, Galassi transmitia com clareza algumas de suas lembranças daquela época. Durante uma viagem de carro (estava indo pescar com amigos) de Uberlândia para Miraporanga, bateram de frente com outro veículo numa curva perigosa. Estavam a uns 5 km de Santa Maria e um temporal sem precedentes anunciava-se.

Virgílio e um de seus companheiros foram a pé até Santa Maria. Nenhum carro cruzou com eles durante a caminhada. Normalmente, as grandes fazendas tradicionais da região possuíam telefone; isso fazia parte da cultura da época. Para falar naqueles aparelhos enormes e pesados, havia uma espécie de código. Se tocasse X vezes, a ligação era para fulano. Se tocasse mais ou menos de X vezes, a ligação era para beltrano ou cicrano etc. Os mal-educados não perdiam a chance, de "por acaso", ouvir as conversas dos outros.

"Chegando a Santa Maria, a chuva desabou. Raios e uma precipitação pluvial incríveis, algo até difícil de descrever, de tão intenso. E eu no telefone, tentando falar em Uberlândia. Foi muito custoso falar. Que coisa! Isso sem contar que eu estava morrendo de medo de ser fulminado por um raio (diziam que, se um raio caísse na linha, matava o sujeito que estivesse com o aparelho de telefone na mão). A Teixeirinha teve o mérito de fazer o possível, porque, naquela época, as coisas eram conquistadas na raça."

Uberaba, outra cidade importante do Triângulo Mineiro (a 110 km de Uberlândia), contava, na época, com a Empresa Telefônica de Uberaba (Etusa), fundada em 1906. A telefonia entrou na vida de Alexandre Cunha Campos, um dos homens mais ricos da cidade, pela necessidade de comunicação de um lugarejo chamado Caçu com as casas de comércio da família. Os Cunha Campos associaram-se, então, a Silvério Silva, de Belo Horizonte, para a montagem de uma fábrica de tecidos. Juntos, criaram também a Etusa. Isso no tempo em que os telefones funcionavam com manivelas.

Uma ligação para São Paulo, por exemplo, dependia de uma telefonista. A Etusa tinha um contrato com a Companhia Telefônica de Minas Gerais (CTMG), então a ligação fazia um enorme "V", indo de Uberaba para a capital e de lá para São Paulo. "Se você tivesse urgência, podia esquecer", lembra Anna (Anita) Cunha Campos (1920-2009), que assumiu a Etusa em 1960, após o esgotamento do irmão, José, seu sócio meio a meio. "Não existia autofinanciamento, empréstimo, nada. Era tudo por conta própria, por amor à cidade. Mas chegou um ponto em que esse amor teve de tomar outro rumo."

Anita era então solteira e dinâmica. Mulher em cargo executivo era algo raro na época. "Passei momentos engraçados por causa disso. Chegava alguém, entrava na minha sala e perguntava: 'A dona Anita vai demorar?'. E eu falava: 'A dona Anita sou eu'. Aqueles senhores deviam estar esperando uma gorda de óculos, usando sapato de salto grosseiro, assim, mas não. 'Sou eu mesma.' Era um choque."

Anita conheceu Alexandrino em uma das visitas dele a Uberaba. "Um homem muito disposto, alegre e minucioso, desses que não podem ver nem um prego com a cabeça para fora que já querem martelá-lo. Mas muito bondoso também. Eu gostava daquela política dele de valorizar os empregados. Muito educado, muito simpático, tratava as moças lá, as telefonistas, com toda gentileza. Uma figura realmente inesquecível."

Desde o início de suas atividades empresariais, Alexandrino demonstrou forte tendência ao associativismo, com vistas ao bem público. Aproximou-se, primeiramente, da Associação Comercial, Industrial e Agropecuária de Uberlândia (Aciub), depois se elegeu presidente da entidade para duas gestões consecutivas, de 1953 e 1955. Esse período coincide com sua entrada nas telecomunicações, que se tornariam o carro-chefe da *holding* hoje nacionalmente conhecida como Algar.

Uberlândia enfrentava sérios entraves ao seu desenvolvimento. Além de telefones (existiam somente 500 linhas automáticas e uma centena de linhas manuais), a região precisava de energia elétrica e de uma rede de rodovias e ferrovias para escoamento e abastecimento de produtos e serviços. Em 1952, a Teixeirinha, de Tito, assinara a renovação da concessão do serviço de telefonia em Uberlândia.

O novo contrato exigia que a empresa adquirisse os equipamentos necessários para ampliar a rede local em mil telefones num intervalo de 6 meses. Como não conseguiu cumprir a meta, Tito pediu extensão de prazo. Negaram-lhe. Pior: a Comissão de Legislação e Justiça da Câmara Municipal apresentou um projeto de lei que pedia a rescisão do contrato com a concessionária. Tito, então, propôs a transformação de sua empresa numa sociedade anônima. O prefeito Tubal Vilela e Alexandrino (então presidente da Aciub) assumiram esse projeto.

O plano era fazer com que o ingresso de novos acionistas contribuísse para a atração dos recursos necessários ao cumprimento da cláusula de ampliação das linhas. Em janeiro de 1954, o compromisso de compra e venda da Teixeirinha foi assinado pela recém-criada Companhia de Telefones do Brasil Central (CTBC). O custo da aquisição era de 4 milhões de cruzeiros, porém a CTBC teria de disponibilizar mais 2 mil linhas telefônicas. Sr. Alexandrino foi eleito o presidente da nova empresa, Elpídio Freitas, o vice, e Hélvio Cardoso e Francisco Caparelli, os diretores.

O passo seguinte era tomar posse das instalações da Teixeirinha em Uberlândia e dos direitos de concessão vigentes em outros municípios, como Ituiutaba, Tupaciguara e Monte Alegre, em Minas, e Itumbiara e Buriti Alegre, em Goiás. A partir daí, ações importantes sucederam-se rapidamente: transferência para Itumbiara dos equipamentos que funcionavam em Uberlândia; reivindicação de quatro circuitos diretos para Uberaba; e assinatura de contrato com a Ericsson para uma nova central com 2 mil telefones em Uberlândia.

Com Alexandrino já fora da Aciub (passara o cargo democraticamente para seu sucessor), começaram a surgir desentendimentos entre os acionistas da CTBC. A maneira encontrada para dirimir as discordâncias foi marcar novas eleições na entidade para o dia 6 de setembro de 1956. Até então, a participação de cada sócio era de apenas 1%. Alexandrino temia ser substituído por pessoas descomprometidas com a "causa social" da ampliação das linhas.

Duas chapas concorreram: uma encabeçada por Alexandrino e outra por Vasco Loureiro Guimarães. Alexandrino venceu por uma diferença de 10% dos votos. A assembleia geral foi tão tensa que a ata só foi assinada às 4h30 da madrugada do dia seguinte. Em 1958, às vésperas de novas eleições, Alexandrino estava sob muita pressão. Hélvio Cardoso, seu "amigo opositor", tinha o apoio de um número considerável de sócios.

O envolvimento dos acionistas em torno da questão foi tamanho que, no dia da assembleia, houve comparecimento maciço. A participação do contador Arcy Vilela foi decisiva e influente. Ele respondeu com racionalidade às dezenas de questionamentos levantados pelos sócios acerca da gestão inicial de Alexandrino, dando conta de que tudo estava dentro dos conformes. O resultado da sabatina refletiu-se na vitória do presidente da CTBC na segunda eleição, desta vez eleita por maioria ampla.

Os riscos de novas instabilidades, porém, eram enormes. A CTBC não passava de uma empresa de capital pulverizado, sem comando unificado. Qualquer sócio, ainda que minoritário, poderia, de repente, aventurar-se a presidir ou conduzir os processos, desde que eleito. Sendo assim, e já admitindo a hipótese de assumir a propriedade da empresa em definitivo, Alexandrino e Hélvio começaram a comprar as cotas de sócios desinteressados no negócio.

Contudo, o problema da liderança claramente identificável permanecia. O crescimento da empresa continuava seriamente comprometido por potenciais desentendimentos, embora a questão central estivesse clara: ou Alexandrino comprava as ações de Hélvio ou vice-versa. Hélvio preferiu negociar as suas. Assim, Alexandrino tornou-se o maior acionista da CTBC, o que alterou completamente sua vida de empresário já bem--sucedido e com os três filhos criados.

"Alexandrino, o 'comendador', se impôs pelo seu próprio valor pessoal. Era um homem obstinado, totalmente obstinado e visionário. Quando concluía que o caminho era por ali, ficava praticamente impossível detê-lo. O que ele conseguiu fazer nessa telefônica, na verdade, foi transformar a sociedade uberlandense como um todo. Sua missão neste mundo, aliás, foi exatamente esta: transformar sonhos em realidade. Acreditava firmemente no que se dispunha a fazer", disse Virgílio Galassi.

Os gênios e seus afetos

O jovem Luiz não teve participação direta no intrincado processo de criação e controle da CTBC pela família Garcia. Na época, ele era estudante de Engenharia Elétrica e Mecânica (quando o curso ainda englobava os dois campos) na Escola de Engenharia de Itajubá. Mesmo morando em outra cidade, apoiou integralmente as investidas do pai, assim como Maria, embora por razões diferentes. Ela, por admiração e lealdade ao marido; Luiz, pelas perspectivas profissionais que se abriam para ele.

Meu irmão mais velho, o Walter, e mesmo alguns tios, minha avó e outros parentes, não apitavam muito. Mas, pelo que me lembro, eles não queriam que papai se metesse com a CTBC. Só mudaram de ideia quando viram, à época da histórica assembleia, que o processo estava movimentando a cidade. Isso mexeu com os brios deles, que falaram: "Então vamos em frente!". As pressões que meu pai sofreu acabaram unindo a família.

Desde que começou a integrar o comando da Aciub, Alexandrino vinha arquitetando o plano de se aposentar. A situação econômica da família durante a consolidação da CTBC era bastante confortável. As empresas agrupadas sob o nome Irmãos Garcia "andavam com suas próprias pernas". Walter, o filho mais velho, também possuía negócio próprio, uma empresa que, aliás, não fazia parte do Grupo: a Intermáquinas Ltda, nome derivado de International Harvest, concessionária de caminhões e máquinas agrícolas.

No entanto, Alexandrino era, digamos, "viciado em desafios", e a nova empresa o entusiasmou a ponto de fazê-lo mudar seus planos pessoais. Passou a Irmãos Garcia para Agenor, seu irmão, e mergulhou de corpo e alma no mundo das telecomunicações. Embora não dominasse plenamente esse setor, seu envolvimento foi total. Era comum vê-lo executando tarefas das mais simples e subalternas às mais complexas e decisórias.

Alexandrino também não se constrangia em expressar suas limitações sobre assuntos técnicos, por exemplo. Participava das concorrências, contatava indústrias multinacionais de equipamentos e materiais, monitorava os empregados de cada setor. Suas propulsões expansionistas, porém, não ocultavam seu conservadorismo. O risco e o comando o excitavam, mas dentro de certas medidas. Alexandrino não era, de forma alguma, um aventureiro.

Em 1959, Luiz Garcia terminou seu curso de engenharia em Itajubá e, no ano seguinte, tornou-se diretor gerente da CTBC (Walter assumiria a vice-presidência em 1964). Alexandrino e Walter entendiam-se bem, como se fossem complemento um do outro. Luiz, por outro lado, era irrequieto e impetuoso. Possuía boa formação e elevado conhecimento em comparação aos demais membros da família, mas não parecia vocacionado à gestão, pelo menos nos moldes convencionais. *As escolas de engenharia daquele tempo não ensinavam conhecimentos administrativos.*

Luiz teve uma vivência internacional na Ericsson da Suécia, durante uma visita-estágio, de 3 meses, quando estudante, e depois na Ericsson do Brasil. Isso nos anos de euforia da era Juscelino Kubitschek, quando o Brasil crescia, Brasília estava sendo construída, a bossa nova começava a ganhar o mundo e a seleção canarinho havia finalmente se consagrado campeã mundial de futebol pela primeira vez, em 1958, também na Suécia.

Quando nos formamos, havia um boom. Faltavam engenheiros, sobravam empregos. Lembro que a gente era assediado por head hunters ainda na faculdade, em Itajubá. Fomos privilegiados nesse particular. Não me preocupava onde eu iria trabalhar depois de formado. No fundo, eu sentia que ia fazer carreira na empresa que meu pai estava construindo. Naquela época, o "mosquitinho" da telefonia já tinha me picado e acho que o "veneno" dele deve ser bom, porque tem efeito até hoje. Adoro telecomunicações.

As divergências entre Alexandrino e Luiz não eram apenas de estilo, mas também geracionais. Luiz tanto aproveitou quanto criou oportunidades de sair do útero uberlandense e conhecer o mundo. Alexandrino, diferentemente, depurava seu faro na prática, aperfeiçoando na lida a sua aguçada intuição local para negócios. Walter, por sua vez, era um financista compenetrado e sereno. O trio completava-se com o ousado Luiz, que hoje considera naturais as divergências que teve, no início, com seu pai.

Nós brigávamos demais da conta. Eu queria fazer as coisas de uma maneira diferente, mas ele não compreendia. O pior é que eu não conseguia explicar isso claramente para ele. Papai era do tipo que, se provocado por uma insistência muito grande minha, saía da sala e me deixava falando sozinho. Certa vez, ele entrou no meu escritório e começamos a discutir. Aí, eu fui lá, tranquei a porta e botei a chave no bolso: "Agora nós vamos acertar. A não ser que o senhor venha tirar a chave do meu bolso para cair fora, né?".

Aquelas brigas eram ruidosas... Quem estava perto, pensava que os dois iam se atracar. Parece que não chegaram a esse ponto, tampouco xingavam um ao outro, mas não poupavam palavras fortes em um tom acima do normal. Os funcionários próximos roíam as unhas: "Nossa Senhora! Agora eles vão se pegar". No início, ficavam abismados com o fato de que, minutos depois, pai e filho estavam se falando educadamente, como se nada houvesse acontecido. Com o tempo, as secretárias e os assessores acostumaram-se àquela rotina.

Na verdade, a gente brigava exatamente para poder se entender. Talvez não fosse um modo muito civilizado, mas dava certo. De vez em quando, papai ia até a loja do Walter reclamar de mim, dizer que não aguentava mais trabalhar comigo, que eu era difícil, aquela coiseira toda. Uma vez, passando em frente à Intermáquinas, vi os dois no mezanino. Quando papai saiu, entrei todo alegrinho. E o Walter foi logo dizendo: "Puxa, Luiz, papai reclamou disso, disso e disso de você". Ah, é? Então vou falar dele também. Assim, assim, assado...

Alexandrino narrava as brigas em detalhes para Maria, que ficava angustiada. Ela rezava para que o filho optasse por outra empresa e que isso pusesse fim aos desgastes. O que pacificou um pouco os dois brigões foi um provérbio, "talvez de Confúcio". Durante uma aula do curso de Economia que Luiz frequentava em Uberlândia, o professor Sérgio Marques citou: "O modo mais prático de afundar um barco é botar dois comandantes a bordo".

Aquilo entrou na minha cabeça no momento exato. Até me senti formado em Economia. Saí daquela aula naquele dia e pensei: "Puxa, meu pai é o comandante do barco. Sou apenas o imediato dele". A partir desse dia, nós reduzimos um pouco as discussões e desavenças. Nosso relacionamento só não melhorou ainda mais porque tanto eu quanto ele, às vezes, desautorizávamos um ao outro. Os empregados pediam para mim, eu negava, mas papai cedia e vice-versa e... E mais contendas.

O essencial, porém, mudara para sempre. Quando alguém trazia uma questão complicada, que dependia de traquejo hierárquico, Luiz dizia "Olha, o comandante é o sr. Alexandrino. Fale com ele". *Ele também foi adquirindo confiança no que eu fazia. É assim mesmo: amadurecer, crescer, acertar.* O importante era que, em qualquer circunstância (empresarial, familiar, de amizade ou de doença), papai oferecia sempre uma solução. Ele era um extraordinário "resolvedor" de problemas.

A troca de informações e conhecimentos no dia a dia acabaram levando os dois a construir uma unidade de pensamento. Com o tempo, não só falavam a mesma língua como falavam a mesma coisa, sem divergência de sentido ou de cultura pessoal. *Isso deu maior segurança aos associados da CTBC como um todo.* Alexandrino só não aprendeu a lidar com reuniões formais; ou melhor, não quis aprender. Ele as detestava, achava uma perda de tempo inestimável.

Preferia fazer reuniões na casa dele depois do horário, geralmente com uma garrafa de vinho em cima da mesa, comendo alguma coisa leve e trocando ideias. Isso podia ocorrer tanto no fim do dia quanto nos fins de semana. Não poupava nem os domingos. "Ah, não, por favor. Chega!", esbravejavam Maria e Ophélia (esposa de Luiz Garcia há 50 anos). O fato é que as conversas de Alexandrino com os filhos homens raramente versavam sobre outro assunto além de trabalho, trabalho, trabalho... Até hoje, Luiz tem de lidar com as queixas de Ophélia em relação ao seu espírito *workaholic*.

Além de trabalhar a semana inteira, eu me ausentava também nos fins de semana, quando viajava para resolver assuntos ligados à expansão de linhas telefônicas, entre outras coisas. Até que, numa certa ocasião, minha mãe e Ophélia se uniram e nos deram uma dura: "Vocês querem construir um império? Ótimo. Mas então tratem de arranjar outras esposas porque assim não vai dar para continuar". Tiro o chapéu para Ophélia. Ela tem sido uma companheira espetacular, embora perca a paciência de vez em quando.

"No fim das contas, Luiz e papai eram grandes amigos. Tanto que, com o papai já debilitado [Alexandrino sofreu um AVC em 1988], houve lá uma reunião importante e Luiz o levou: 'Ô, Luiz, mas o papai não vai entender'. E ele: 'Mas com ele do meu lado, tenho mais força'. Pois colocou o pai na cadeira de rodas, botou na cabeça dele a velha boina – que foi uma das marcas registradas do sr. Alexandrino – e foram à reunião. Na verdade, o Luiz custou a aceitar que o papai não podia mais trabalhar", lembra Eleusa.

As conquistas territoriais

No início da CTBC, Alexandrino operou planos de expansão por meio de autofinanciamento. Ações eram vendidas ao público com o objetivo de capitalizar a empresa. Um dos primeiros trabalhos de Luiz Garcia, engenheiro recém-formado, foi exatamente como vendedor de telefones. *Aquilo foi extremamente importante para a minha carreira. Acho que todo profissional dessa área devia passar pelo setor de vendas.* Luiz começou por Tupaciguara (MG), a oeste de Uberlândia.

Animado, partia de Uberlândia para Tupaciguara, com uma pastinha debaixo do braço. Conforme a necessidade, hospedava-se na casa de Virgílio Mendonça, um dos vários compadres de Alexandrino. O *Virgílio saía comigo. A gente vendia os telefones em 18 meses. Tinha aquela tripa de nota promissória selada. A gente levava selo e goma arábica para colar, e também o carimbo para bater em cima do selo, e a pessoa assinava.*

Os clientes potenciais eram fazendeiros bem estabelecidos, comerciantes e funcionários públicos; pessoas que, de modo geral, moravam numa casa decente e levavam uma vida relativamente confortável para os padrões da época. Eram raros os que fechavam o negócio na hora, a maioria preferia dizer: "Deixa o papel aqui, depois você vem buscar". Ora, se desejavam (e precisavam) tanto de um telefone, por que relutavam? O fato é que grande parte da população de Tupaciguara não sabia ler nem escrever.

Alguns só eram capazes de desenhar o nome. E, para assumir a compra de uma linha, você tinha de assinar umas 18 promissórias, no mínimo. Eu ficava 1 hora ali esperando o sujeito fazer uma assinatura. Imagine 18! Aquilo mexeu comigo: "Puxa vida, dificuldade de escrever o próprio nome". Isso aconteceu em Tupaciguara, mas também no Prata. Eu batia de porta em porta, conhecia as pessoas.

Os comerciantes e as boas casas da cidade pertenciam a fazendeiros, a maioria pecuaristas. Praticamente não havia indústria no Triângulo Mineiro no final dos anos 1950. Luiz Garcia concorda que o contato direto, olho no olho, entre os profissionais da CTBC e os potenciais compradores de novos telefones enraizou a companhia na região. O esforço extra agregava valor. Dia após dia, a CTBC entranhava-se na cultura local, criando uma clientela cativa.

Não pense que era fácil convencer uma pessoa a comprar um telefone, hein? Trabalhar aos sábados e domingos era um esforço tão extra quanto necessário. As pessoas não se colocavam muito disponíveis durante os dias úteis. Desconfiavam de contatos indiretos e de correspondências escritas. O sistema porta a porta era o que funcionava melhor. Mesmo assim, ocorriam resistências incríveis. Um dos melhores vendedores da CTBC, o Manuel Garrido, implantou uma campanha de venda em Carmo do Paranaíba (MG), onde nasce o Rio Paranaíba.

O Garrido ficou 1 semana lá, numa pensão, pelejando para vender, e nada. Por fim, ele disse: "Dou um prêmio ao primeiro que comprar um telefone". Nada também. Eu não saberia agora explicar o porquê disso. Talvez a cidade como um todo estivesse em dificuldade financeira. Não me lembro bem. Mas é verdade que, mesmo colocando toda a energia do mundo num contato mais pessoal, mais individualizado, você podia voltar para casa sem nenhuma linha vendida.

Naqueles tempos heroicos, a CTBC conquistou um *status* que superava largamente a simples oferta de um serviço. As ambições expansionistas de Alexandrino e Luiz (diferentemente da sobriedade e cautela de Walter) continham um caráter estratégico: ocupar territórios. Nos Estados fronteiriços (São Paulo, Mato Grosso do Sul e Goiás), os problemas de infraestrutura eram tão graves quanto os de Uberlândia e seus arredores. As conquistas territoriais da CTBC, então, acabavam contribuindo por tabela com o processo de integração regional.

Luiz Garcia não apenas concorda com isso como vai além. Segundo ele, existe uma lei universal que diz que onde há um crescimento de 1% na telefonia, o PIB cresce de 2 a 3%. A

CTBC fomentou uma *network*, interligando municípios que antes corriam o risco de ficar isolados. Exemplo disso é Paranaíba (MS), mítica cidade por onde passaram combatentes da Guerra do Paraguai (1864-1870) e onde o Visconde de Taunay se instalou para escrever o clássico *Inocência*.

Desde sempre, Paranaíba esteve muito ligada a Uberaba, antiga capital econômica do Triângulo Mineiro. O comércio era todo feito em lombo de burro e carros de boi. Os tropeiros viajavam entre Paranaíba e Uberaba transportando mercadorias diversas. A viagem, considerando ida e volta, durava 2 meses em média. Uma das casas comerciais de Uberaba, abastecedora dos tropeiros, tinha o exótico nome de Notre Dame de Paris.

Atualmente, nesse caminho, há uma ponte estaiada, inaugurada em 2003, que liga Paranaíba (MS) a Iturama (MG). A construção dessa ponte, também conhecida como Porto de Alencastro, demorou décadas. *Nesse meio tempo, o Estado de São Paulo construiu uma ferrovia ligando o Porto de Aparecida do Taboado. Ou seja, o Triângulo perdeu uma importante rota de comércio. Tudo isso para dizer que, se a CTBC não entrasse em Paranaíba, ninguém nem ouviria falar da cidade por aqui.*

O primeiro ciclo de expansão da CTBC transcorreu no sentido de atender às cidades que não possuíam serviço telefônico, como Tupaciguara, Monte Alegre, Centralina, Canápolis, Capinópolis, Campina Verde e outras. Havia, ainda, cidades com pequenas centrais a magneto (Prata e Frutal, por exemplo). A linha interurbana de Frutal conectava-se a Barretos (SP), e Alexandrino e Luiz logo vislumbraram aí a "ponte" para a entrada da CTBC no noroeste do Estado de São Paulo. Em 1967, então, a CTBC incorporou a Empresa Telefônica Frutal/Barretos S.A.

O primeiro passo que a gente dava não era botar telefone automático. A gente, na verdade, construía uma linha externa adequada ao automático. O sistema semiautomático não custava aqueles 4 ou 5 mil dólares do nosso início em Uberlândia. Mesmo assim, o serviço prestado era bom, absorvia mão de obra local e permitia interurbanos. Já o serviço 100% automático, além de caro, atraía um número menor de pessoas. E havia o custo com o emprego de telefonistas.

[Nota: durante a primeira ampliação de linhas dentro de Uberlândia, a CTBC pagou 5 mil dólares (em 1960) por cada terminal da Ericsson. Os primeiros novos telefones da cidade foram vendidos por cerca de 4 ou 5 mil dólares cada. Os preços foram caindo lentamente e as últimas linhas vendidas pelo sistema de autofinanciamento, nos anos 1970, já custavam mil dólares cada.] *Quem tinha telefone na cidade era certamente "classe A", mas classe A bem alta mesmo.*

Nas cidades menores, o raciocínio girava em torno de montar um sistema semiautomático que atendesse bem ao município sem onerar a engenharia de implantação. Quando a demanda se expandia, o equipamento passava por uma atualização para poder operar num sistema totalmente automático. Eis o compromisso assumido por Alexandrino e Luiz com prefeitos e comunidades: "Quando atingirmos 600 terminais, instalamos o sistema automático".

Com isso, ficávamos isentos da pressão daquela localidade por automatização. Por outro lado, exercíamos pressão nas autoridades, dizendo: "Queremos automatizar, mas a sua cidade não comporta isso ainda". Com o beneplácito do prefeito, dos vereadores etc., dispostos a tudo por um serviço automatizado, as outras cidades próximas se alvoroçavam, queriam ter telefone também. Essa foi uma política usada com bastante êxito. A gente, então, não precisava mais vender telefone de porta em porta.

As próprias telefonistas – majoritariamente "moças" – faziam tanto o atendimento quanto a venda dos telefones, o que facilitou enormemente a expansão. Vendia-se a linha, o dinheiro entrava no caixa e o próprio bom serviço prestado fomentava novas ampliações. Nos anos 1960, tempo em que as concessões ainda eram municipais, a CTBC havia atingido 50 localidades. Apesar da extensa cobertura territorial, porém, a densidade populacional era baixa.

Uma vez, o [José Frederico] Falcão, ex-presidente da Ericsson do Brasil, me disse assim: "Luiz, por que você não faz um planejamento global de toda a região? Faça um planejamento global e encomende os telefones. Mas só instale as novas linhas nas localidades mais bem posicionadas em termos de vendas". "Que grande ideia! Vamos fazer isso", pensei. E assim fomos instalando, automatizando e ampliando aos poucos.

Um exemplo dessa forma de implantação ocorreu em Itumbiara (GO). A cidade entrou em recessão agrícola num momento em que a CTBC já havia vendido mais de cem telefones dentro de seu plano de expansão. Muita gente parou de pagar as prestações (18 ou 24 meses) da compra e a estação local era ampliável de 500 em 500 linhas. Além dos 400 telefones não vendidos, foi preciso lidar com o alto índice de inadimplência.

Houve lá umas 20 ou 30 pessoas que, apesar da crise, pagaram suas prestações religiosamente. A gente tinha de atendê-las, ora. Mas como? A solução foi comprar telefones da cidade. Pusemos anúncio dizendo que queríamos comprar. A economia estava bastante decadente, então não foi difícil comprar os telefones e ceder para aqueles que estavam na fila do autofinanciamento. Isso mostra que enfrentamos muitos espinhos em nossa trajetória, mas que resolvíamos as coisas usando a imaginação.

Controle de posições

Entre 1955 e 1975, a CTBC avançou sobre uma região vasta e vazia de telecomunicações; em parte, devido ao desinteresse das empresas mais poderosas, interessadas apenas nas capitais e no Brasil litorâneo. Naquele período, a companhia dos Garcia cobrira todo o Triângulo Mineiro, o sul de Goiás, o naco paulista da Alta Mogiana, parte do Mato Grosso do Sul e a região de Pará de Minas (MG), a 76 km de Belo Horizonte.

A interiorização provocada pela construção da nova capital federal gerou um *link* de micro-ondas entre Rio de Janeiro e Brasília, passando por Uberlândia. A CTBC conseguiu para o município quatro canais em cada direção, o que alavancou ainda mais a empresa como promotora do desenvolvimento das telecomunicações no Brasil central.

Até 1968, a CTBC absorvia quatro cidades por ano, em média. Em 1969, essa média saltou para um município por mês. Uma das mais importantes aquisições foi a da Etusa, de Uberaba, cidade historicamente rival de Uberlândia na disputa pela hegemonia econômica no Triângulo Mineiro. A negociação com a família Cunha Campos, proprietária da Etusa, demorou anos. O procedimento de transferência das ações ocorreu apenas em 1971.

Anna (Anita) Cunha Campos, gestora da Etusa na época, recorda-se do processo: "Eu falava com o sr. Alexandrino: 'Estou aprontando a noiva. Um enxoval de noiva não é feito rapidamente. O senhor tenha paciência que a noiva vai levar o enxoval completo'. A gente negociava nesses termos. De um jeito completamente diferente do usual, que é 'dá-cá-dou-lá'".

No dia em que Anita considerou "a noiva pronta e linda", comunicou o fato ao sr. Alexandrino, que disse: "Você é quem sabe". "Eu queria que estivesse tudo tecnicamente perfeito", Anita contou ao Centro de Memória Algar. "Financeiramente perfeito, empregados perfeitos. Não entreguei para ele nenhuma bomba. Disso eu tenho orgulho, satisfação pessoal. Foi uma articulação muito bem feita e que nunca pôde ser posta em dúvida."

A central telefônica que existia em Uberaba era antiga, talvez mais antiga que a primeira estação distribuidora de Uberlândia, mas não havia problema no entroncamento de uma central com as outras. Os equipamentos, porém, estavam obsoletos e a construção de um prédio mais adequado tornou-se inevitável. Nessa obra, lembra Luiz Garcia, ficaram faltando 50 cm para o gabarito de uma fila de aparelhos.

O prefeito de Uberaba era o senhor Hugo Rodrigues da Cunha, que depois foi deputado federal. Mostrei o problema ao Hugo. A única solução, eu disse, "é avançar esse prédio uns 50 cm para dentro do passeio, a partir do segundo piso, como se fosse uma marquise". E o Hugo falou: "Não tem problema, Luiz, pode mandar o projeto que a Prefeitura aprova".

Uberaba foi a primeira cidade da área de cobertura da CTBC (e a primeira de Minas) a ter DDD e DDI. Para muitos, aquilo foi um balde de água fria na animosidade histórica entre as duas cidades. Durante a cerimônia de inauguração da nova central, abriram-se os canais para quem quisesse falar, de graça, para qualquer lugar do mundo. Uberaba concedeu a Luiz Garcia o título de cidadão uberabense, que ele demorou a ir receber. *Lá foi suado, não foi nada fácil.*

A CTBC comprou a Etusa por 4 milhoes de dólares. Anita era dona de 50% e o irmão dos outros 50%. Anita aplicou seus 2 milhões na Bolsa e, da noite para o dia, os ganhos triplicaram. Luiz não se sabe ao certo como, mas o fato é que ela perdeu todo o dinheiro. A morte dessa grande amiga o abalou. *Ela carregava a família nas costas. Quando ficou pobre, todo mundo desapareceu. No final da vida, eu e alguns amigos cotizamos uma "bolsa-vida" para ela. Ela nunca contribuiu com o INSS. Fui visitá-la em Araruama [RJ], e ela me disse: "Agora que você veio me ver, eu posso morrer em paz".*

Rondon Pacheco, ex-governador de Minas, acompanhou de perto a expansão da CTBC. Na época, as concessões interurbanas eram estaduais. Um emaranhado jurídico, na verdade. Em 1961, quando Rondon era secretário de Estado no governo Magalhães Pinto, Alexandrino postulou todas as concessões caducas da região do Triângulo. O governo mineiro concedeu-as, todas.

"Por uma dessas coisas do destino, eu acumulava a Secretaria do Interior com a Secretaria da Viação, por onde essas concessões tramitavam. Tive o privilégio de assinar umas quarenta e tantas concessões, o que já corporificou muito a CTBC, dando-lhe peso e densidade. Depois disso, Alexandrino partiu para Uberaba, outra cidade grande da região [em 1970, Uberaba tinha praticamente o mesmo número de telefones que Uberlândia]", Rondon contou ao Centro de Memória Algar.

Alexandrino encarava a telefonia como serviço público. Por outro lado, o negócio exigia uma dinâmica de empresa privada. O português da boina queria as coisas "para ontem". Por outro lado, era obrigado a tirar seu cavalo da chuva frequentemente. A resistência da burocracia dos poderes públicos era intolerável. No início dos anos 1960, a mentalidade brasileira, um tanto derivada das Ordenações Filipinas, era ainda mais cartorial que a de hoje.

Os militares deram o Golpe de Estado em 31 de março de 1964 e anunciaram mudanças no setor de telecomunicações. *Nós, no interior, fomos muito alheios a qualquer movimento político, até mesmo local, e nunca nos metemos em política estadual ou federal. O que o sr. Alexandrino dizia para nós era: "O mundo sempre vai precisar de telecomunicações e, seja qual for o regime (liberal, autoritário ou comunista), as telecomunicações terão de existir".*

Nessa época, a CTBC enfrentava dois problemas técnicos, um em Itumbiara (GO) e outro em Ituiutaba (MG). A queda de João Goulart ocorreu exatamente no momento em que Luiz Garcia tentava voltar de Itumbiara, onde fora resolver uns problemas. A fronteira Goiás-Minas estava bloqueada. Sem ciência certa do que acontecia, ele e seu assistente seguiram até o Canal de São Simão e atravessaram o Rio Paranaíba para o lado mineiro numa balsa.

As comunicações de Brasília com o Rio haviam sido bloqueadas por meio do sistema de micro-ondas existente. Muitos telefonemas da capital federal para a cidade maravilhosa tiveram de passar obrigatoriamente pelos circuitos da CTBC. Luiz só ficou sabendo do golpe ao chegar em Uberlândia. As perspectivas, sob vários aspectos, eram sombrias. Muitos cidadãos temerosos abandonavam o país, levando consigo seus recursos financeiros.

Empresários da telefonia também começaram a vender empresas, sentindo que o novo governo iria interferir nos negócios. Alexandrino procurou manter a calma. "Qualquer regime político neste mundo precisa de telecomunicações", repetia para si mesmo e para os familiares. Por outro lado, preocupou-se com os filhos: "Luiz, você, como engenheiro, vai encontrar emprego numa ditadura militar ou num país comunista, não importa. Fique tranquilo. Quanto a mim, estou mais para lá do que para cá. De uma maneira ou de outra, eu sobrevivo".

Continuamos trabalhando de peito aberto, sem medo do que ocorria. De certa forma, transferíamos essa tranquilidade para o nosso pessoal. Não paramos de investir um só minuto nos planos de expansão. Papai só tinha medo do seguinte: "Se pararmos 1 ano, não damos conta de continuar, porque esse setor é muito dinâmico. O que passou passou e a gente sempre tem que estar voltado para frente". Foi esse o recado que ele nos transmitiu na ocasião.

A partir de 1970, o crescimento da empresa foi tremendamente dificultado pela nova política do governo federal, que transferia para a União o monopólio das telecomunicações. Em 1971, a CTBC ocupava o 8º lugar entre as empresas telefônicas do país e era a vice-líder em Minas Gerais. A gestão da companhia não mudou muita coisa, lembra Luiz Garcia. *Mas tudo o que gente queria fazer tinha de ter a bênção de Brasília e existia, sem dúvida, uma má vontade muito grande.*

Os funcionários do recém-criado Ministério das Comunicações (1966) estavam de olho nas operações dos Garcia e a efetivação da Telebrás (1972) gerou nova onda de intervenção estatal nas telefônicas privadas. Além de não poder expandir, Alexandrino sofria constantes ameaças de estatização ou encampação. "Não temos o que esconder", dizia. Na visão de Alexandrino, as leis podiam ser manipuladas, mas o bem público não.

O general José Antônio de Alencastro e Silva, quando presidente da Telemig, bolou um plano para encampar a CTBC. *Os emissários vieram aqui, fizeram a proposta e o papai falou assim: "Os senhores podem voltar, porque, dentro dessa proposta aí, eu é que vou comprar a Telemig". Essa frase ficou famosa. Ele não se preocupava muito com ninharia, porque sabia que o que tinha já era suficiente.*

As posições de Alexandrino podiam parecer rudes, apesar de estratégicas. O general Alencastro, certa vez, anunciou uma visita à CTBC. Um diretor da empresa foi até o aeroporto buscar o homem, "o General". Isso num tempo em que os generais apitavam o jogo. O presidente da Telemig tentou usar sua patente de modo autoritário: "Por que não estavam no aeroporto me esperando?". "Nós temos muito que fazer aqui, General", replicou Alexandrino.

Nessa época, eu costumava dizer assim: "Quero ser preso por ter levado telefonia a uma pequena localidade isolada do mundo. Se quiserem me prender por causa disso, será um orgulho. Eu vou falar para todo mundo que fui preso porque estava levando o progresso, porque estava ajudando o país a crescer no interior". Isso incomodava bastante o pessoal lá em Brasília.

A CTBC estava entranhada na alma de sua região. Empresários e políticos locais escreviam aos deputados e senadores, pressionando-os em favor da manutenção das atividades da companhia. Mesmo assim, durante o governo de Ernesto Geisel (1975-1978), três cidades – Goiatuba (GO), Morrinhos (GO) e Bambuí (MG) – foram "tomadas" dos Garcia "pelo bem da integração nacional". Goiatuba e Morrinhos respondiam por uma grande parcela da CTBC em território goiano.

O Ministério também tentou usar de força, atentando contra o patrimônio. Policiais do batalhão de choque invadiram a central telefônica de Itumbiara (GO). O pesadelo em claro começou às 10 da noite e só terminou ao raiar do dia. Rondon era, então, o Chefe da Casa Civil. *Telefonei para ele imediatamente e não desliguei até que ele me desse uma resposta. Horas depois, chegou uma ordem para que o batalhão deixasse o local.*

Contra todas as previsões e assombrações, a companhia dos Garcia não apenas sobreviveu como cresceu. Em 1993, quando Alexandrino faleceu, aos 86 anos de idade, a CTBC era a maior empresa particular de telecomunicações do Brasil e a única Telecom privada que o poder público não conseguira encampar ou estatizar nos anos 1970 e 1980.

Fazer, sabendo

SVB: *O que é "perder tempo"?*
LAG: *É correr contra o relógio.*
SVB: *E "ganhar tempo"?*
LAG: *Fazer uma coisa bem feita.*
Alexandrino, sábio, dizia:
"Ande à toa, mas não fique à toa".

No início da década de 1980, cerca de 80% do faturamento do Grupo Algar vinha dos serviços telefônicos. Foram necessários 28 anos para que a CTBC atingisse a marca de 100 mil telefones, o que só ocorreu em 1982. No entanto, muitas concessões estavam prestes a vencer e o fantasma da encampação ainda pairava. Os governos militares insistiam na tese de que "telecomunicação é estratégica e, portanto, uma questão de Estado". Por via das dúvidas, optou-se por intensificar o processo de diversificação de suas atividades.

Àquela altura, já faziam parte do então chamado Grupo ABC empresas criadas nos anos 1970, algumas ativas até hoje, como a Algar Agro e a Algar Aviation. A Agro atua no processamento de soja desde 1978 e, hoje, fabrica o Óleo de Soja ABC e o Farelo de Soja RaçaFort, comercializados no mercado interno e externo. Há duas fábricas para esse fim em Minas e no Maranhão. A Agro também exporta soja e milho e produz leite. Com o tempo, a empresa incluiu outros produtos em seu *mix*: azeite de oliva, óleo composto, extrato e molho de tomate (marca ABC de Minas).

A Aviation, por sua vez, criada em 1976, presta serviços de transporte aeroportuário, transporte aeromédico e venda, manutenção e fretamento de aeronaves de pequeno porte. Primeira empresa a comprar um Phenom 100 da Embraer, a Aviation tem contrato de manutenção de aeronaves até com a Força Aérea Brasileira (FAB). Atendeu, em 2011, mais de 150 clientes em dois hangares (um em Uberlândia, outro em Belo Horizonte) e representa com exclusividade no Brasil um dos aviões executivos mais rápidos do mundo: o TBM 850, da empresa francesa EADS Socata.

Em dezembro de 2009, durante o Prodex (Programa de Desenvolvimento de Executivos), Luiz Garcia mostrou às centenas de profissionais uma foto sua bem criança pilotando um aviãozinho de brinquedo. *Acho que foi o único presente o km que ganhei. Sendo o mais novo, o velocípede e a bicicleta, por exemplo, eram os que sobravam do Walter ou da Eleusa. Mas esse aviãozinho papai me deu novo em folha. Tenho certeza de que causei muita inveja na molecada do bairro, porque era mesmo um brinquedo muito diferente. Vejam que interessante a maneira como as coisas ficam gravadas dentro da gente.*

Talvez por influência daquele aviãozinho, nós nos dedicamos à aviação executiva e eu aprendi a pilotar [Luiz pilota mono e bimotores a pistão]. Outro presente interessante foi uma caixa de toquinhos para montar. Depois que montei os 20 modelos indicados no mapa da embalagem, passei a imaginar e criar formas diferentes. Será que estava ali, aos 6 ou 7 anos, minha vocação de engenheiro? Talvez. O fato é que não me lembro de nada da minha infância anterior àquele aviãozinho que acabei de mostrar.

Alexandrino enfatizava à esposa Maria que a responsabilidade da educação dos filhos é da mulher. E assim era nos anos 1940, mas, para Maria, não bastava "passar de ano". Um dia, o pequeno Luiz entrou em casa saltitante com o boletim da escola Prof. José Ignácio de Souza não mão e bradou: "Mãe, passei para primeira série do ginásio!". Ela na mesma hora devolveu a ele o boletim: "E daí? Você não sabe nada! Você vai repetir o ano!". Não houve discussão.

Se tenho mágoa daquela ordem? Absolutamente. Dentro da simplicidade dela, minha mãe fez o que achava que estava certo e agiu muito espontaneamente, bem à maneira dela. Aliás, o mesmo aconteceu com o Walter. Ele e a Eleusa entraram na escola praticamente juntos, porque a diferença de idade entre eles era muito pequena. A Eleusa tomou uma bomba e dona Maria disse ao Walter: "Você não pode estar na frente dela, não! É humilhante! Então você vai repetir um ano". [risos]

Maria era um bocado caprichosa. Nunca deixava um aniversário passar sem uma festinha. Fazia manjar branco. Na verdade, não só branco. Tinha manjar azul, rosa, verde, vermelho... Ela usava anilina para tingir a iguaria. Walter, Eleusa e Luiz adoravam aquela multiplicação de cores. O sabor, porém, era igual. Aos 10, 11 anos, em regime de internato no Colégio Diocesano, em Uberaba, Luiz sentiu falta daqueles doces especiais, que remetiam aos afetos do lar.

Meses depois do episódio da queda no prédio em construção da CTBC, quando deslocou a perna esquerda, Luiz obteve o certificado de admissão ao ginásio por meio de um "minivestibular". Equivale ao que, hoje em dia, é o 5º ano do ensino fundamental. Em 3 de maio de 1945, já morando no Diocesano, acreditou silenciosamente que professores e colegas comemorariam seu primeiro aniversário longe da família, mas sequer recebeu cumprimentos pelos seus 10 anos de idade. *Puxa vida! Faço aniversário e ninguém dá os parabéns.*

No dia 17 do mesmo mês, porém, o novato Luiz foi procurado e até ganhou uns apertos de mão e abraços. *Naquele dia, fiquei sabendo que meu aniversário não é dia 3, como sempre tinha sido, mas sim no dia 17. Na verdade, nasci dia 3, mas só fui registrado no dia 17, e o pessoal da escola não conhecia essa história. Eles seguiram o que estava escrito nos meus documentos. Aquele 3 de maio de 1945, então, foi uma frustração tremenda.*

Roubar frutas era uma das molecagens preferidas dos anos de Diocesano. Quem fosse pego em flagrante era obrigado a decorar 50 linhas de lição e perdia a saída prevista para os domingos. Ponderemos os riscos: decorar 50 linhas, tudo bem; quanto ao domingo, bom, isso vai depender do filme que está em cartaz em Uberaba. Se o filme for supostamente desinteressante, o "crime" compensava. Roubem-se as frutas, então. Se um dos irmãos maristas não nos pegar, glória! Já valeu só pela adrenalina.

A lição que tiro disso é a seguinte: desde essa época, aprendi a analisar a pior hipótese, porque se a pior hipótese acontece você já está preparado. Então, a pior hipótese que poderia acontecer era você ter de decorar 50 linhas e perder a saída do domingo. Nada mal.

Provoco-o: considerar seriamente a pior das hipóteses alivia a frustração de, às vezes, não se atingir a melhor das hipóteses?

Quando estamos preparados para a pior hipótese, não somos pegos de surpresa caso aquela que almejamos não se confirme.

UMA BATALHA NÃO É A GUERRA

O Ateneu Paulista, em Campinas (SP), onde foi estudar o curso secundário em 1950, não era um colégio de religiosos, diferentemente do Diocesano. O Ateneu era um colégio misto (foi a primeira vez que Luiz teve colegas meninas em sala de aula), de orientação liberal e disciplina folgada. Até recentemente, correspondia-se com amigos feitos no tempo do Ateneu, onde pôde ter contato com o "mundo real". O dia a dia no Diocesano de Uberaba era "um universo fechado", quase um quartel.

Enquanto no Diocesano era obrigado a levantar religiosamente às 5 e meia da manhã para ouvir a missa, no Ateneu, apesar do regime de internato, podia dormir até mais tarde. *Uma hora a mais que fosse já fazia diferença.* Nessa época, aprendeu que o seu horário ideal para estudos é a partir do intervalo entre a meia-noite e 1 da manhã. Era quando descia, abria uma das salas e se debruçava nos livros até as 4 da manhã. Depois voltava a dormir. Manteve esse hábito até recentemente, preferindo deitar-se às 9 e acordar logo depois da meia-noite para leituras e anotações. *Assim me concentro mais facilmente.*

O esquema de saídas semanais, porém, era semelhante ao do Diocesano. A principal diferença é que agora só perdia o domingo quem fizesse uma besteira fenomenal. Ao final do colegial, com quase 15 anos de idade, era já "um rapazinho". Nos fins de semana em Campinas, frequentava matinês e um bar que a turma apelidara de "A Fazendinha". Tomavam leite batido com lascas de coco. Em setembro de 1951, o teto do Cine

Rink, na Rua Conceição, desabou durante a exibição vespertina de *Amar foi minha ruína*. O cinema tinha capacidade para 1.200 pessoas, mas estava superlotado.

As causas nunca foram devidamente esclarecidas e tampouco se sabe, ao certo, o número de vítimas. Os jornais da época falaram em 30 mortos e 500 feridos. A tragédia ocupou até algumas páginas de *O Cruzeiro*, revista nacional de grande circulação pertencente aos Diários Associados de Assis Chateaubriand. *Lembro que dois colegas nossos, adolescentes, morreram no desastre. Imagina o teto de um cinema cair durante a exibição de um filme. Que loucura! Daí em diante, ficamos assustados. Passamos um bom tempo sem ir às matinês.*

No Ateneu, Luiz aprendeu a jogar basquete. Garante que não era dos piores. Renato Righetto, arquiteto e professor de geometria descritiva, fora também árbitro "oficial" dessa modalidade. *Até chegou a apitar jogos em Olimpíadas. Às vezes, ele apitava os nossos jogos.* O basquete uniu Luiz a um grupo seleto de companheiros. *As amizades feitas no esporte são as que têm maior chance de resistir à passagem do tempo.* Desde o Ateneu, aliás, nunca deixou de praticar atividades físicas. Além de basquete, gostava especialmente de barra fixa.

Enquanto isso, as empresas do pai expandiam-se sem amarras. Aquele sucesso crescente ficava mais evidente cada vez que retornava a Uberlândia nas férias escolares. Nessa época, a mítica máquina de arroz da cerealista já não era o principal negócio da família. As empresas agora estavam mais concentradas na revenda de automóveis. Uma vez, Alexandrino teve de transportar por terra um carro o km da General Motors, do ABC Paulista até Uberlândia, e resolveu entrar em Campinas para deixar os doces que Maria acondicionara para o caçula em caixas de sapato (ela fazia isso com frequência).

Luiz guardava a caixa com carinho, a fim de comer os doces um a um, dia após dia, para que não acabassem nunca. Mas sempre roubavam seus doces escondidos. *No Ateneu, era assim: você não podia dar bobeira. As coisas dos outros não eram respeitadas como no Diocesano, onde imperava uma disciplina férrea.* Compartilhava a caixa de doces com os leais amigos Ubirajara, Messias Araújo e Reginaldo Finotti, entre outros. Sentavam-se em volta de um dos campos de futebol do colégio e comiam os doces até o último átomo. *Se sobrasse, ia desaparecer mesmo...*

Ser adolescente nos anos 1950 era estar rodeado de amigos, sair à noite, ter "umas namoradinhas". Mesmo morando fora, Luiz cultivava as amizades de Uberlândia. Bolão, por exemplo, era o tipo que enfeitava como ninguém suas histórias com as meninas. A namorada ideal, na visão de Bolão, era uma misteriosa Ophélia. Quando o Bolão, com aquele seu entusiasmo característico, danava a falar dessa moça, Luiz o interrompia: "Olha, conheço praticamente todas as meninas da cidade. Essa aí não existe, não. Você tá inventando". Bolão tinha fama de mentiroso. "Existe, sim", insistia.

Bolão era capaz de descrever Ophélia em detalhes, aguçando a curiosidade do amigo. *E, numa das minhas férias do Ateneu, meu pai me colocou para trabalhar como frentista no posto de gasolina dele. Estava um dia no posto e passou uma moça do outro lado da rua. "Ah, é a tal Ophélia que o Bolão falou!". Naquelas mesmas férias me aproximei dela e a gente começou a namorar. Então foi assim: reconheci a minha futura mulher por informação verbal, né?* Luiz e Ophélia estão casados desde fevereiro de 1960.

No último ano científico, estava tão certo de prestar vestibular para engenharia em Itajubá (MG) quanto de cursar o pré-vestibular do Anglo Latino, em São Paulo. *Precisava me reforçar em algumas matérias.* Química, por exemplo, era uma pedra em seu sapato. *O professor dessa disciplina no Ateneu era um homem antiquado, desatualizado.* Apesar do terror da química, decidiu fazer a prova em Itajubá assim mesmo, bem antes de ingressar no Anglo Latino.

A viagem Itajubá-Uberlândia era terrível, não levantava o astral de ninguém. Você partia de Uberlândia de trem, dormia em São Paulo e pegava um ônibus da empresa Pássaro Marrom. Parava em Aparecida do Norte ou Guaratinguetá e entrava em outro, que subia a Serra da Mantiqueira lentamente, parando a cada aceno de mão, fervendo os motores. Chegava-se em Itajubá quase meia-noite. Na prova de geometria descritiva, que era eliminatória e tinha de ser feita a nanquim, caiu um tetraedro de 5 cm de altura.

Não sei o que aconteceu comigo. Medi a altura da pirâmide e tal, mas o tira-linhas fechou. Daí fiz a solução todinha do problema certo com a cota errada. Ficou certinho, mas, em vez de colocar 5, lancei 3 cm. Aquele problema valia, sei lá, uns quatro pontos. Era questão importante. Por via das dúvidas, deu uma espiada para os lados e viu que a resolução do desenho de alguns colegas estava maior. *Mas que diabo, o que está acontecendo com o meu desenho?*

Só então me despertei para o fato de que estava com a cota errada. Tinha uma música na cabeça. O refrão dizia assim: "Porém, se a macacada precisar, vai dar galho para chuchu". Veja só, estava fazendo vestibular e cantando mentalmente aquela porcaria de música. "Pô, vestibular é coisa séria", pensei. Ou seja, a questão era tão fácil, mas eu não estava suficientemente concentrado. Aquele erro me custou 1 ano. Como era eliminatória, fui desclassificado. Foi por falta de atenção, não de conhecimento.

Agora é encarar a longa jornada de volta nesses vários ônibus resfolegantes. Montanhas e campos atravessavam seu campo de visão, mas era como se o tempo houvesse sido congelado e as paisagens monótonas não passassem de uma ilusão de ótica. Com o moral baixo e preocupado, pensava: "O que vão dizer lá em casa?". Mas a reação de Alexandrino foi tão surpreendente quanto sábia: "Filho, você perdeu uma batalha, não a guerra". *Papai, às vezes, era teimoso; noutras, muito simples e claro.*

As correspondências

A pensão da "italiana fortona" dona Genoveva ficava na Rua Tamandaré, 324, na Liberdade. O pré-vestibular Anglo Latino era no número quinhentos e alguma coisa da mesma rua. Os amigos uberlandenses Francisco Otaviano (o Chico Caveira), Élcio e uns rapazes de Santos e de Sorocaba trocavam impressões acerca das incógnitas típicas de um vestibulando. Cursinho prepara, mas não forma, diziam-se uns aos outros. "É situação de risco." O episódio da reprovação no primeiro vestibular por um descuido infantil não lhe saía da cabeça: "Aconteceria de novo?".

Aquele 1954, ano do 4º centenário de São Paulo, estava envolto numa atmosfera de comemorações coletivas e incerteza individual. Queria muito estudar engenharia e não poupava energias nesse sentido. Aos dezoito anos, era sério: não fumava e tomava cerveja apenas esporadicamente. *Entre outras coisas, dependia do meu pai e isso me incomodava.* No mesmo ano, teve início, lá em Uberlândia, o longo processo associativo que levou Alexandrino a se tornar proprietário único da CTBC. Alexandrino ia a São Paulo de vez em quando. Numa dessas idas, visitou Luiz e saíram para jantar.

Ele enfiou a mão no bolso: "Filho, chegou esse telegrama para você lá em Uberlândia". O telegrama estava lacrado. Abri. Era uma convocação para a segunda chamada em Itajubá. "Pai, olha, teve segunda chamada!" Mas o prazo de resposta ao aviso vencera. *"Por que não abriu o telegrama, pai?" "Porque não se pode abrir correspondência alheia, ora." Sinceramente, acho que ele podia ter aberto, mas não falei nada. Até porque aquele período em São Paulo estava sendo extraordinário.*

Os estudos no Anglo Latino eram apertados; os professores, "ótimos". O vestibular em Itajubá seria em fevereiro ("mas ainda estamos em dezembro de 1954"). Logo no primeiro dia de aula, o professor de matemática passara aos alunos meia dúzia de problemas de trigonometria, garantindo que quem os resolvesse resolveria qualquer questão que caísse em qualquer prova de qualquer vestibular deste mundo. Luiz preferiu, então, não passar o Natal em casa.

Atravessou a noite do dia 24 para 25 de dezembro resolvendo a última das cinco questões matemáticas. Por volta de 2 da manhã, atingiu a resposta certa. No mesmo momento, coincidência ou não, dona Genoveva o convidou a se integrar ao encontro de Natal da família dela, "uma ceia bastante humilde, mas bem à italiana e calorosa". O *réveillon*, porém, não o passou na pensão. À meia-noite, estendeu a mão para um dos garçons do restaurante Giovanni, na Avenida Ipiranga: "Feliz ano novo para você!".

Tinha imposto a mim mesmo um sacrifício. Não queria, de maneira nenhuma, voltar para Uberlândia reprovado no vestibular pela segunda vez. Lembrava da minha mãe, que costumava falar: "Te conheço, você é vagabundo, não gosta de trabalhar. Então, se quer uma vida mais folgada, vai estudar". Eu não podia ser folgado... [risos] *A filosofia de dona Maria era terrível. E aconteceu o que ela previu: passei praticamente grande parte da infância, adolescência e o início da vida adulta longe de casa, estudando, pensando em ir mais longe.*

Quando viu seu nome no quadro de aprovados, tomou o primeiro ônibus possível, que era à noite, repetindo o longo roteiro de baldeações e intervalos de espera. Estava ansioso por contar à namorada, Ophélia. *Telefonar era uma coisa impensável, na época.* Alexandrino reagiu de novo de maneira surpreendente: "Passou? Que bom! Cumpriu a sua obrigação". *Acho que a reação dele quando não passei foi de mais apoio do que agora.* Foram apenas 2 semanas de alívio. As aulas na Escola de Engenharia de Itajubá começaram em seguida.

Para viver em Itajubá, o pai dava-lhe um salário mínimo, que era sacado de uma conta conjunta no Banco da Lavoura. Aquele rendimento mensal, em comparação com a renda da maioria de seus colegas, enquadrava-o na categoria "estudante rico". Luiz discorda. Recentemente, durante uma palestra, perguntou a universitários quanto seria necessário para viverem em Uberlândia. A resposta assustou-o: quatro salários mínimos. *Não sei se nos anos 1950 o poder aquisitivo era maior ou se o custo de vida era mais barato. Talvez as duas coisas.*

Na Contramão, onde se instalou em Itajubá, não havia geladeira nem televisão. A república integrava um conjunto de casas pertencente a um médico local, que as alugava aos estudantes. O quarto de Luiz ficava num anexo. Embora fosse separado da casa, possuía banheiro com chuveiro. A cozinheira, Francisquinha, aparentava muito mais idade do que dizia ter. "Olha, não compra soda cáustica nem veneno porque ela pode confundir as coisas aí, hein?", zombavam os colegas. Do lado de fora da Contramão, o reconhecimento do mundo era feito em cima de uma bicicleta.

Usava bicicleta até para ir namorar. Vestia um terno de linho 120 e saía pedalando. Às vezes, me entusiasmava com o namoro e esquecia a bicicleta na porta do restaurante ou na praça principal. Na hora de fechar o restaurante, depois da meia-noite, o garçom ou o dono colocavam as bicicletas para dentro e fechavam a porta. No outro dia, a gente ia buscar. Era dessa natureza o procedimento. Simples, né? Aliás, meu pai também conheceu a minha mãe usando uma bicicleta. [risos]

Outro episódio marcante foi a primeira Olimpíada Universitária de Minas Gerais, sediada em Juiz de Fora. Participou da competição como nadador. Lembra-se dos atletas de Belo Horizonte tomando "energizantes" à beira da piscina, enquanto ele mergulhava do jeito que dava. No cômputo final, o nadador uberlandense, representante da Escola de Engenharia de Itajubá, bateu o próprio recorde. *Fiquei em alguma posição ali entre o penúltimo e o último lugar.*

Itajubá era pacata, exceto pelos animados bailes do diretório acadêmico e do Clube Itajubense. Luiz e amigos eram "sócios-atletas", ou seja, faziam parte da turma não pagante que praticava salto à distância ou com vara para pular a janela do clube e penetrar clandestinamente nas festas. O porteiro, por fim, cansou-se de tentar apanhá-los. "Entra aqui pela porta da frente mesmo, vai." E Ophélia lá em Uberlândia, esperando-o pacientemente.

No primeiro ano, os estudantes, insatisfeitos com o professor Raimundo, organizaram uma greve geral. Pararam a faculdade. As aulas perdidas foram repostas nas férias de julho, por isso Luiz não pôde viajar e, portanto, não viu Ophélia. O que seria dos namoros à distância sem as cartas? Uma carta levava mais de 15 dias para ir e voltar, supondo que o destinatário a respondesse prontamente. Na agência do correio de Itajubá, o ritual repetia-se toda semana: abrir a caixa n. 242, ansiando por algumas linhas da família e de Ophélia. Namoravam assim, por carta, desde os anos do curso científico em Campinas. *Curioso que, na época, a unidade de tempo não era tão perversa quanto hoje. O tempo sobrava.*

A maioria dos colegas de engenharia, incluindo os que vinham de fora, casou-se em Itajubá ou com alguma moça de Itajubá. *De uns 25 colegas, acho que pelo menos 20 se casaram em Itajubá.* As exceções foram o João Virgínio, o Jedydia Worcman e o Zé Cláudio Rennó. *Então, depois de formados, quando a gente fazia festas de confraternização, a Ophélia se sentia constrangida. Afinal, ela roubou da cidade um partidão.* [risos]

Em dezembro de 1959, houve a formatura. A colação de grau foi no recém-inaugurado Cine Vera Cruz. Compareceram Maria, Eleusa, Ophélia, Ozílio e outros visitantes do Triângulo Mineiro. O colega Aluísio fez um discurso "brilhante", aproveitando-se de seu preparo intelectual e de sua capacidade oratória. José Nazaré, identificado com a turma, doou um boi. *Tivemos então uma churrascada e um baile de gala no clube do diretório. Coisa de altíssimo nível, sem confusões. Entravam somente pessoas convidadas. Papai, por motivo de negócios, como sempre, teve de voltar a Uberlândia antes.*

Um sentimento de mundo

Mais ou menos na metade do curso de engenharia, Luiz Garcia ficou sabendo que quatro estudantes do 5º ano haviam sido selecionados para um estágio na Ericsson em Estocolmo, na Suécia. A simples existência dessa perspectiva o excitou, embora estivesse longe de figurar entre os dez melhores alunos da faculdade. Pediu ajuda ao pai, que adquiria equipamentos e materiais de telefonia da marca Ericsson. Em 1958, ao final do quarto ano, surgiu um convite por escrito, mas "não muito formal", dizendo que as portas da Ericsson em seu país de origem estavam abertas para uma visita.

Meteu na cabeça que era possível realizar aquele sonho antes mesmo de se formar. Ele e os colegas de classe formaram, então, uma comissão para angariar recursos e financiar uma viagem-estágio durante as férias do verão no Brasil. Como "donos" do bar do diretório acadêmico, trabalharam de garçons nos bailes ("mas não sem pausas para dançar com as moças"). *Adquirimos conhecimento de como é lidar com dinheiro, estoques e vendas. Porque a gente cuidava de tudo no bar.*

Professor Cardoso, então presidente da alemã Telefunken, doou-lhes a eletrola (os aparelhos *hi-fi* estavam começando a se disseminar) que seria rifada em seguida. Fizeram também uma parceria com o Cine Apolo, na Praça Theodomiro Santiago. Alugavam os rolos dos filmes inéditos e com maior potencial de público. O negócio consistia em promover e antecipar as exibições, vendendo ingressos para a *première* pelo dobro do preço. O cinema lotava na estreia, enchendo os cofres da comissão de alunos.

A gente deixava bem claro o que ia fazer com o dinheiro arrecadado: estagiar pela Europa. Passamos a sacolinha também entre os professores e alunos. Quando a viagem se confirmou mesmo, vimos que havia dinheiro para as despesas, mas não para as passagens, que eram bem caras. Daí conseguimos com o Lloyd Brasileiro bilhetes de ida e volta num navio. Nessa ocasião, procuramos a Sinhá Moreira, que morava em Santa Rita do Sapucaí, sogra do Bilac Pinto, sujeito influente que nos botou em contato com um ministro do PTB, San Tiago Dantas [1911-1964]. Foi a primeira vez que falei com um ministro.

"No frigir dos ovos", dos 25 inscritos no projeto, apenas sete (incluindo Luiz) cumpriram até o fim as regras que davam direito ao fundo de viagem. Entre os sete, havia uma única moça, Érika. O colega André de Abreu Prates, de Belo Horizonte, então questionou: "Seis homens e uma mulher. Como é que vai ser?". Na antevéspera da partida, André sofreu um piripaque e o médico proibiu-o de viajar. Mesmo assim, descartaram a Érica. Ao que parece, a questão estava relacionada ao "machismo", não à competição.

A gente explicou por que ela não podia ir, mas foi mesmo uma sacanagem. Combinamos de devolver o dinheiro dela. Até preciso perguntar à Érica se pagamos tudo direitinho. No lugar do André, levamos o professor Ricci, que falava francês fluentemente. De nós todos, seis ao todo, só o Jedydia tinha ido à Europa. A passagem mais barata do navio Federico C dava direito a viajar abaixo da linha d'água, lá no fundão. Tudo era coletivo. Muito ruim. Então conseguimos um upgrade.

A viagem foi em janeiro de 1959, na virada do 4º para o 5º ano de engenharia, bem no alto inverno europeu. A programação ao longo de 3 meses incluía visitas técnicas a empresas como Ericsson, Philips, Siemens, Asea Brown Boveri e outras pelo caminho – de Portugal a Estocolmo, de trem em trem. Entraram no país, que tinha acabado de sediar a Copa de 1958 pelo Estreito de Öre, que liga as cidades de Copenhague (Dinamarca) a Malmö (Suécia).

Nos jantares oferecidos pela Ericsson, havia sempre bandeirinhas do Brasil e da Suécia nas mesas. E música. Interessante que as moças presentes não faziam nenhuma cerimônia. Simplesmente se levantavam e vinham até as nossas mesas para nos tirar para dançar. A gente achava aquilo o máximo. Imagine: loiras de 2 m de altura... E eu pensando assim: "Puxa vida, quero viver nesse país!".

No caminho para uma unidade da Asea na cidade de Västerås (a temperatura estava em torno de -15ºC), Jedydia entrou no banheiro do trem. À medida que a locomotiva avançava, alguns vagões eram desengatados nas estações, reduzindo o comboio. Ao chegarem ao destino, o grupo se dá conta de que falta um integrante. O que aconteceu com o Jedydia? Será que dormiu? Minutos depois, o sistema de alto-falantes da estação solicitou a presença urgente de "dr. Ricci", o professor.

Jedydia havia ficado na estação anterior, dentro de um vagão desengatado. Ninguém acreditou que, com seu inglês "basicão", ele se comunicaria com as autoridades suecas. Os diretores da Asea mandaram um táxi buscá-lo. A fábrica de Västerås ficava num prédio vertical. *Os elevadores eram umas caixas contínuas, que não paravam. Você esperava a caixa se aproximar, entrava e descia no andar que queria. Muito anos depois, vi isso em estacionamentos verticais em São Paulo, mas acabou sendo proibido.*

Luiz não foi capaz de estabelecer muitas interpretações comparativas entre as tecnologias usadas na Suécia e as usadas do Brasil, porque ainda não havia tido contato com esse universo enquanto aluno. Na verdade, sua noção de centrais telefônicas, por exemplo, era mínima. As experiências em empresas no Brasil, até então, limitavam-se a um estágio na Mannesmann, em Belo Horizonte, e outro na General Motors, em São Paulo. *Eu não sabia o que era um* carrier *(transmissor) nem o que era* crossbar *(sistema de comutação de estação), por exemplo.*

Acredita seriamente que aprendeu mais naqueles 3 meses de visitas técnicas pela Europa que em todo o curso de engenharia em Itajubá. Sua mente evocava informações novas e cenários desafiadores: equipamentos de última geração, máquinas sofisticadas, administração de ponta. "Meu Deus, quero mergulhar nisso tudo", dizia para si mesmo. Mas as lembranças daquela "viagem de garotos" ainda giram muito mais em torno de passagens divertidas que de percepções técnicas.

Na Suíça, por exemplo, antes de visitarem hidroelétricas, pegaram um baile de carnaval. Na Itália, alugaram um Fiat 1100 em Gênova e os cinco estudantes – Ricci preferiu não ir de carro – percorreram o norte da Itália sem parar. Um dos amigos, conhecido como Paulista, desligou o velocímetro do carro e o preço do quilômetro rodado saiu pela metade. Com aquele mesmo Fiat, foram bater na França, onde tiveram contato pela primeira vez com a usina nuclear de Chinon. As usinas atômicas estavam começando a se consolidar no mundo, apesar das controvérsias e da Guerra Fria. *Aquela viagem me abriu um mundo muito, muito maior mesmo do que eu imaginava.*

O noroeste paulista é ali

Alexandrino construíra dois apartamentos no último andar do prédio da CTBC. Já casado com Ophélia, Luiz instalou-se em um deles. Alexandrino e Maria moravam no da frente; ele e Ophélia, no dos fundos, cuja sala de visitas abrigava todos os alarmes (de várias cores e sonoridades) da estação telefônica. Brinca que aprendeu telefonia realmente em casa, no dia a dia. Quando alguma luz acendia ou soava um sinal sonoro, abria a metade dos olhos e, sonolento, perguntava à esposa: "Que cor é?". "Azul com bolinhas!", ela respondia. "Ah, então amanhã vejo." E voltava a dormir. Nas noites de temporais, porém, pintava o vermelho, e aí era preciso levantar da cama aos pulos.

Aquele apartamento fora construído para um técnico morar. Como eu estava recém-formado e recém-casado, fui para lá. Conviver com os alarmes na sala foi bom. Em caso de chuva, descia para ver o que estava acontecendo na estação e bloqueava os telefones das casas com problemas. É uma história comprida, porque, em Uberlândia, existiam duas redes, uma nova e uma antiga, ainda oriunda do Teixeirinha. Tinha um cabo que ia lá para o lado do Frigorífico Omega. Esse cabo, quando chovia, era um Deus nos acuda.

Os cabos não eram protegidos por plástico e, sim, por um material feito com chumbo, que alguns insetos roíam com o maior prazer. A água da chuva entrava pelos micro-orifícios. *O isolamento era de papel e ficava ensopado.* Curtos-circuitos eram comuns. Passados os temporais, Luiz e os técnicos saíam à procura dos minúsculos buraquinhos, mas, em geral, havia centenas deles, tornando humanamente impossível a correção completa dos defeitos. O que resolvia mesmo o problema era a exposição dos fios ao sol. Com o calor e a secura, o isolamento melhorava sensivelmente.

Papai aproveitava essas ocasiões para zombar da gente: "Pô, então o engenheiro Sol é muito mais poderoso que vocês todos, é?". O fato é que a empresa não tinha dinheiro para trocar aqueles cabos velhos, porque eram muitos extensos. Havia quilômetros de cabos. Só bem mais adiante foi que tivemos condições financeiras de trocar tudo, trecho por trecho. Nessa época, companhias telefônicas locais, como a nossa, contavam com o próprio caixa e com ninguém mais. Era difícil investir em infraestrutura sem expandir o número de usuários na mesma proporção.

Alexandrino, àquela altura, já havia cumprido o plano de expansão assumido com as autoridades de Uberlândia. O próximo passo foi envolver-se na construção da linha que ligaria Uberlândia a Itumbiara (GO). A justificativa para a nova obra era simples e continha um senso técnico profundo: "Uma linha com bom fio fala, mas uma linha qualquer com postes firmes não fala". Apostou, então, na aquisição de quilômetros de fio de cobre e instalou-os nos postes baixos que já existiam no trecho. *A gente reaplicava na empresa praticamente tudo o que entrava.*

Em 1960, houve a inauguração de Brasília. O Departamento de Transmissão Urbana Interurbana (DTUI) da Nova Capital (Novacap) construiu um *link* do Rio de Janeiro a Brasília com 120 canais de telefonia, um feito notável para a época. Uberlândia tirou proveito daquele processo. Os engenheiros da DTUI deixaram na cidade um equipamento com quatro canais para o Rio e quatro para Brasília. Quatro canais eram mais que suficientes para a cidade. Havia grande demanda por ligação para o Rio.

Mas era uma briga: a carioca CTB [Companhia Telefônica Brasileira] dizia que aqueles canais eram para falarmos com Brasília, não com o Rio. "Não queremos falar só em Brasília. Queremos falar com o Brasil todo", respondíamos. Posteriormente, foi aberto um canal em Uberaba e outro em Araguari. Uberaba também teve a mesma capacidade, quatro mais quatro. Araguari, dois mais dois. E o processo como um todo foi deslanchando.

Um dos principais alvos da expansão da CTBC, na época, era o Estado de São Paulo, mais rico e mais densamente povoado. Um recorte do jornal *Lux* informava que o município de São Joaquim da Barra (SP) estava com licitação aberta para serviços telefônicos. Luiz e Alexandrino (que costumava dirigir sua caminhonete a 150 km/h) rapidamente botaram os pés em São Joaquim. Bateram na casa do prefeito recém-eleito. "Vou cancelar essa concorrência e abrir outra", prometeu o sujeito. Além da CTBC, entrou na disputa uma companhia local que atendia Ituverava (SP).

O edital exigia uma caução em dinheiro. Quando abriram o envelope, descobriram que o concorrente não tinha feito a tal caução. Alexandrino, esperto, imediatamente ofereceu um cheque da CTBC garantindo a operação. Vencida a concorrência, o processo foi encaminhado à Câmara Municipal para aprovação. Cada vereador palpitou numa cláusula diferente para o contrato. Luiz conhecia o então presidente da Câmara, Pedro Chediak, a quem chamava de Águia. *Porque ele enxergava longe. Era vivo "pra chuchu"*. Águia investigou a CTBC (que não era muito conhecida naquele pedaço do mundo) e, convencido da idoneidade da empresa, apaziguou as disputas dos vereadores.

E começamos a construir São Joaquim da Barra. Conseguimos uma licença da Secretaria de Transportes e Comunicações do Estado de São Paulo para fazer a ligação de São Joaquim a Uberaba (MG) e a Delta (MG). Isso porque a gente não podia atravessar o Rio Grande, que faz a divisa dos Estados de São Paulo e Minas. A concessão que o Governo de Minas havia dado à CTBC cobria somente até Uberaba, e o território de Uberaba vai até à margem do rio Grande. "A ligação até ali nós fazemos", Alexandrino garantiu.

No lado paulista, o trajeto da linha tinha necessariamente de atravessar Ituverava (SP). "Não, vocês não podem passar por aqui, a menos que deixem um circuito em Ituverava. A telefonia aqui está péssima", bradou o advogado e pecuarista Paulo Borges de Oliveira, líder político (sem nunca ter exercido cargo público) na região da Alta Mogiana. "Sem problemas", Luiz falou. "Mas, para isso, precisamos de concessão." "Nada de concessão. Isso vai levar décadas. Comprem a telefônica daqui, ora", Paulo surpreendeu-os. Daí em diante, transcorreu uma batalha feroz pela compra da Telefônica Ituverava S/A, em 1967, porque os acionistas majoritários se recusavam a vender a empresa.

Alexandrino e Luiz começaram a comprar ações de quem estivesse disposto a negociar. Com a ajuda do prefeito, conseguiram adquirir 51% das ações. A assembleia que destituiria a empresa e a entregaria ao controle da CTBC foi tumultuada. Alguns vereadores e acionistas compareceram à Câmara com revólveres na cintura. A reunião teve de ser cancelada e foi convocada uma nova, para quando as peças e os ânimos estivessem devidamente lubrificados. Negócio fechado.

No ano seguinte, então, a CTBC adquiriu a Companhia Telefônica Intermunicipal de Batatais (SP) e a Sociedade Telefônica de Franca (SP), ambas de propriedade da família Gaeta. Em meados dos anos 1960, a telefônica dos Garcia acumulara um conhecimento inestimável acerca das duas únicas formas possíveis de fazer a empresa crescer: obter ou comprar concessões. Na volta da reunião final em Batatais, onde os Gaeta residiam, Alexandrino e Luiz entraram felizes da vida em Ituverava. *Afinal, realizamos o negócio em Franca; e Franca até hoje é uma cidade importante.*

Estava-se ainda num tempo em que as contas eram emitidas à mão. Preenchiam-se bilhetes referentes aos interurbanos, que eram agregados ao total. *Você tinha uma ligação interurbana para tal lugar. Vinha a papeleta daquela ligação grampeada na conta. O cliente se chamava, digamos, "Joaquim José da Silva Xavier". E a funcionária batia a máquina: tananã, tananã, Rua Tenente Virmondes, tananã, Uberlândia, Minas Gerais, Brasil, telefone tal e tal. Um dia me caiu a ficha: "Meu Deus, é tudo na unha. Não faz sentido!".*

Havia um exército de mulheres datilografando os bilhetes e as fichas quando Luiz baixou a ordem: "A única coisa que vamos colocar de agora em diante é o número do telefone. Nada mais, ok? Se alguém chegar aqui e disser que quer pagar a conta do número 1.000 ao 1.150, recebam. Assumo a responsabilidade". Apesar das resistências de canto a canto – "não pode ser assim", "não vai dar certo" etc. –, Luiz conseguiu acabar com os preenchimentos longos que nada acrescentavam. Agora, bastava o número do telefone.

E com isso economizamos e ainda aguentamos ficar um tempo extra sem automatizar os processos. Depois, com a automatização, você botar o número ou não botar não fazia diferença nenhuma. Mas, naquela ocasião, era uma diferença brutal. Mais tarde, adotamos um sistema de eliminação de bilhetes interurbanos, com uma maquininha de calcular que a própria telefonista usava. Depois, mais tarde, já saía tudo automaticamente, mas a velocidade das mudanças não era igual à de hoje, não.

Afirmação de horizontes

No auge da era analógica (anos 1950), a telefonia ainda era elitizada, principalmente em localidades com infraestrutura precária, como em Uberlândia e seus arredores. Telefonar para São Paulo – as principais demandas por ligações eram com São Paulo, muito mais que com a capital Belo Horizonte – era um teste de paciência. Os empresários levantavam da cama às 5 da manhã, 6 horas, no mais tardar, solicitavam um interurbano à telefonista e, ao longo do dia, monitoravam o processo: "Telefonista, saiu aí o meu pedido?".

As negociações de comércio com São Paulo normalmente funcionavam das 8 da manhã às 5 e meia da tarde. Às 5 da tarde, o empresário acionava a telefonista outra vez, desesperado a essa altura: "Preciso falar em São Paulo com urgência. É possível?". "Lamento, senhor, acho que não vai dar para ser hoje.

Está congestionado", era a resposta trivial de se ouvir. "Ah, que coisa. Então, por favor, me guarde um lugar aí para amanhã, ok?", a pessoa implorava, resignadamente (até porque não adiantava espernear). "Não podemos transferir pedidos para o dia seguinte, senhor. O senhor tem de solicitar novamente amanhã mesmo."

"No outro dia, você tinha de levantar cedo, tornar a pedir a ligação e ficar esperando. Essa novela podia durar 2 ou 3 dias. E quando a gente conseguia falar, era com uma dificuldade danada, porque não ouvia direito o que o outro estava dizendo. O que o sr. Alexandrino fez nessa região toda foi um salto de modernidade incrível. Quando ele assumiu a companhia sozinho, então, sem os outros sócios do início, o processo avançou ainda mais rápido. Aquele homem – assim como o filho dele, o Luiz – pegava touro na unha, viu? Eles subiam em poste para consertar fiação", lembrou o fotógrafo Roberto Vieira da Silva ao Centro de Memória da Algar.

Luiz Garcia sempre se considerou um "homem de campo", não de escritório. Em 1960, substituiu o pai em férias no comando da instalação da linha do Prata (MG), cidade vizinha a Uberlândia. Alexandrino estava em Águas de Lindoia. Os cabos dos distribuidores das centrais telefônicas eram geralmente subterrâneos. "Por que construir uma rede aérea, de poste em poste, e enterrá-la nas extremidades para então fazê-la subir de novo?", Luiz questionou.

Semanas depois, ao ver os peões montando a estrutura (e passando os cabos) pelo alto, Alexandrino deu "uma bronca danada": "Mas isso não se faz desse jeito! Como é que você me faz uma instalação assim? Nunca vi isso em lugar nenhum".

O filho argumentou que ele também jamais havia visto algo parecido. "Mas não é porque nunca vimos uma coisa que não podemos fazê-la, ora. Fica melhor assim e é mais simples." O tempo fechou. Os dois discutiram seriamente. Aquele foi um dia de lascar. O mundo parecia desabar.

Aos 25 anos, Luiz era criativo e ágil, mas inexperiente. Em seguida, bateu boca também com Ilce Fogarolli, a funcionária administrativa mais antiga na época (começara a carreira na Teixeirinha, em 1942, e ficou na CTBC até se aposentar). Ilce recordou-se com prazer das primeiras mudanças da nova empresa, agora sob o comando de Alexandrino: "Instalaram logo mil telefones, o escritório ficou maior, vieram os guarda-livros e novas repartições, e eu sempre dirigindo o escritório, atendendo o povo".

Luiz não se lembra ao certo por que discutiu com Ilce naquele dia de 1960. *Certamente foi por alguma bobagem administrativa.* Mas está seguro de que seu modo de pensar foi alterado pelo que ocorreu na sequência. *Entrei meio raivoso na nossa caminhonete Chevrolet Marta Rocha. Saí do Prata para vir brigar com a dona Ilce em Uberlândia. Veja só, que bobo. A estrada entre o Prata e o trevo de Uberlândia estava sendo asfaltada. Dirigi a cento e tantos km/h. Havia muitos montes de cascalho pelo caminho. Cego de raiva, perdi o controle e subi em cima de um daqueles montes de cascalho. A caminhonete virou, ficou com as quatro rodas para o ar. Saí ileso, mas voltei pensativo para casa.* "Meu Deus, eu podia ter morrido ali. Estou brigando demais com as pessoas. Para quê?"

Cinquenta anos depois, tenta compreender as intransigências de quando era "rapaz novo, sem experiência de vida", e esse movimento de compreensão aliou-se à lembrança de que, semanas antes do acidente, a Ericsson o convidara para uma temporada de trabalho e estudos na Suécia. "Vou sair da companhia, pai." Alexandrino quase teve um troço. "O que é que há, Luiz?" Luiz tremeu, enrolou-se, mas explicou-se: "Aprendi bastante, mas vai ser bom eu me aperfeiçoar fora. Um ano dentro da Ericsson não é de se descartar".

A Ericsson era a principal fornecedora de equipamentos e materiais para a CTBC. Mas não contou nada ao pai sobre o acidente com a caminhonete na estrada. Posteriormente, ele ficou sabendo. Até porque Alexandrino parecia ter olhos e ouvidos em todos os cantos do mundo. *Assim, decidi ir para a Suécia. Não fosse aquele acidente em que eu poderia ter morrido, talvez eu não tivesse ido, pois estava muito envolvido com os negócios da empresa. Mas raciocinei assim: tendo trabalhado 1 ano no Brasil com telefonia, dentro de casa, conhecendo os problemas, eu ia tirar muito mais proveito da estada na Suécia. E a temporada foi mesmo ótima, não apenas profissionalmente. Ophélia foi comigo. Estávamos casados fazia mais ou menos 1 ano.*

O curso na Suécia envolvia trabalho. Atuou primeiro no setor de transmissão e comutação. Além do salário, "que ajudava em alguma coisa", tinha uma bolsa complementar da então chamada Campanha Nacional de Aperfeiçoamento de Pessoal de Nível Superior, hoje Capes. Luiz e Ophélia fizeram amigos de várias partes do mundo e divertiram-se como nunca. Contudo, naquele ano, Ophélia perdeu o primeiro bebê do casal, que nasceu prematuro "por bobagem nossa, de não termos procurado hospital adequado". Pisaram de volta no Brasil no dia em que o Jânio renunciou: o fatídico 24 de agosto de 1961 (havia ido para a Suécia em janeiro de 1961).

Naquele entra e sai pelas salas dos diretores da CTBC, Luiz ouviu o sr. Falcão, diretor da Ericsson do Brasil, dizer a Alexandrino o seguinte: "Poucas empresas telefônicas no Brasil têm um engenheiro formado na Suécia, viu?". *Aquela fala me despertou, me deu mais confiança. Nesse ponto, houve um episódio importante para a minha carreira. Durante uma instalação complicada, entrei em choque com o montador Gumercindo Sampaio, que se achava o todo-poderoso. Um dia, não aguentei mais: "Você está suspenso", eu disse a ele. "Melhor o senhor me mandar embora, então", ele retrucou. "Não, você está suspenso. Quando vencer a sua suspensão, se você quiser ser mandado embora, te mando, mas por enquanto você está suspenso." O sujeito esbravejou, esperneou, procurou o sindicato, que, nessa época, era forte. O presidente do sindicato não foi demagógico. Disse ao Gumercindo que um chefe tem o direito de suspender um funcionário por faltas, né? Vencida a suspensão, Gumercindo foi conversar comigo: "Vamos fazer as pazes. Vou melhorar, você vai ver". Aquela foi uma atitude marcante, porque me colocou diante da questão da autoridade e da afirmação. Alguns profissionais antigos da área de telefonia em Uberlândia, alguns deles vindos da Teixeirinha, se achavam meio intocáveis.*

Walter Machado, funcionário da CTBC entre 1961 e 1995, acha que Luiz Garcia foi peça-chave na evolução da telefônica assumida por Alexandrino. "Com a sua formação técnica atualizada, sua visão de longo prazo e sua energia inesgotável, ele ajudou o Grupo a se desenvolver rapidamente. Lembro bem de quando estávamos envolvidos com o projeto do cabeamento da linha interurbana entre Uberlândia e Uberaba. Eram 1.450 postes. Tenho orgulho de ter participado daquela empreitada."

Segundo Machado, a competência técnica do Luiz Garcia encaixou-se perfeitamente no time, que tinha Alexandrino como mentor e Walter Garcia como gestor financeiro. Os guerreiros Alexandrino e Luiz lançavam-se no mundo, desbravavam territórios, revolviam a terra e, não raro, cometiam imprudências. Enquanto isso, o primogênito Walter, zeloso e cerebral, garantia a retaguarda administrativo-financeira. O eficiente tripé, porém, desfez-se em 1974, quando Walter, aos 44 anos, faleceu em razão de um câncer de pulmão, abalando a estrutura de uma das maiores *holdings* da história de Uberlândia.

Brasil, por dentro e por fora

Luiz considera-se um homem de sorte. Adora o que faz e atira-se de cabeça no que adora. Mas a vida, que não faz diferença entre quem tem e quem não tem, acertou-lhe o queixo em duas ocasiões: na morte do irmão Walter, em 1974, e no afastamento de Alexandrino da liderança do Grupo, em 1988, devido a um AVC. Não era apenas uma questão de consanguinidade, admiração e afetos. O fato pesou exatamente no momento em que as empresas estavam em sérias dificuldades financeiras.

O Grupo ABC (esse era o nome do Grupo Algar até 1990) diversificara-se ampla e desordenadamente. A telefonia continuava sendo o carro-chefe dos negócios, mas, no final dos anos 1980, a *holding* abraçava nada menos que 64 empresas de setores tão diversos quanto desencontrados. Várias eram deficitárias e algumas empregavam profissionais e parentes sem as qualificações técnicas ou administrativas desejáveis. Paralelamente, às vésperas da primeira eleição direta para presidente, depois de mais de duas décadas de ditadura, o país estava afundado em hiperinflação e incertezas mil.

Sentindo-se sozinho e um pouco perdido, começou a dizer a si mesmo: "As coisas precisam mudar. Nada é eterno. As coisas precisam mudar". O processo resultaria na passagem do bastão para um CEO profissional externo à família. O escolhido foi o italiano Mario Grossi, responsável por uma transformação sem precedentes na *holding*, assunto que será abordado em detalhes mais adiante.

Em busca de meditação e reflexão, Luiz Garcia ingressou na Escola Superior de Guerra (ESG), no Rio, em 1991. *Se a pessoa não era nem boa nem ruim em nada, o que fazer com ela? Mandar para a ESG.* [risos] *Achei que eu estava sobrando em Uberlândia. Aliás, a grande maioria dos meus colegas (tanto os civis quanto os militares) estava numa fase semelhante à minha: precisando repensar a vida.*

A Escola Superior de Guerra é um instituto de altos estudos diretamente subordinado ao ministro do Estado-Maior das Forças Armadas. A instituição foi criada em 1949 com o objetivo de desenvolver e consolidar os conhecimentos necessários ao exercício de funções de direção e planejamento nos mais altos níveis tanto do poder público quanto da iniciativa privada. Inicialmente, era aberta apenas para militares e, mais tarde, começou a "incorporar civis e militares da elite nacional dispostos a estudar o Brasil".

Com a criação do Ministério da Defesa, em 1999, a ESG passou a funcionar como centro de estudos e pesquisas, não tendo função de formulação nem de execução de políticas. Os trabalhos são de natureza exclusivamente acadêmica. A Escola fica na área da Fortaleza de São João, no bairro da Urca, Rio de Janeiro. A Fortaleza foi construída em 1565, a mando de Estácio de Sá, na várzea, entre os morros Cara de Cão e Pão de Açúcar. Lugar e época confundem-se com a fundação da capital fluminense e com o período de domínio português sobre a Baía da Guanabara. Luiz Garcia morava na Barra da Tijuca.

Eu e mais dois companheiros (da Petrobrás) fazíamos um pool de transporte. Íamos cada dia no carro de um até a Urca. Era mais ou menos 1 hora de viagem. O pessoal brincava que nós tínhamos duas horas de aula por dia a mais em relação aos outros, porque a gente ia discutindo os problemas dentro do carro. Uma convivência realmente enriquecedora. A turma era totalmente heterogênea. Um tinha até votado no Enéas Carneiro para presidente... [risos] Quando a gente começava a discutir, havia uma troca de conhecimentos fantástica.

Mas eu questionava muito o posicionamento dentro da escola. Nunca fui juscelinista, por exemplo, mas, no momento de escolher o nome da nossa turma, recebemos a ordem expressa de que a gente podia escolher qualquer nome, exceto Juscelino Kubitschek. "Por que? Quero saber o porquê. Jamais votaria nesse nome para a nossa turma, mas agora preciso saber por quê." Isso causou um mal-estar danado. Deu o maior rolo. Por fim, o nome escolhido foi Vital Brasil. No ano seguinte, a turma foi batizada de Juscelino Kubitschek. Não entendo mais nada.

Usava o horário do almoço ("não costumava almoçar") para jogar tênis ou correr. Decolava toda sexta para Uberlândia e retornava ao Rio no domingo à noite ou na segunda de manhã. A principal "vantagem" dessa experiência foi "conhecer a fundo o Brasil". *Até então, eu era muito regionalizado, precisava ampliar a minha visão...* O muro de Berlim caíra fazia pouco. *Vivemos aquele período praticamente em tempo real.* Mas os problemas imediatos do Grupo ABC vinham-lhe à mente a todo instante.

A partir de 1990, o Grupo Algar (assim chamado por sugestão de Mario, aproveitando-se das primeiras letras do nome e sobrenome de Alexandrino Garcia) focara em quatro áreas: telecomunicações, agronegócio, entretenimento e serviços. Quando Luiz Garcia transferiu-se para o Rio de Janeiro, o árduo processo de reestruturação delegado a Grossi seguia seu curso. Luiz, por outro lado, precisava de uma espécie de disciplina íntima. *Dei carta branca ao Mario, mas ao mesmo tempo não resistia em querer interferir na gestão dele. Foi difícil para mim. Sofri muito naquela transição.*

ARGUMENTO POUCO É BOBAGEM

Seu estilo *workaholic* teve um preço: conviveu menos que o desejado com a esposa Ophélia e os filhos Luiz Alexandre e Ana Marta. Pelo menos no que tange à Ophélia, o destino ofereceu uma oportunidade ímpar de pacificação em 1994, nos primórdios dos serviços de telefonia celular no Brasil. O Grupo Algar buscava uma posição no setor, mas o governo federal só permitia que as brasileiras ingressassem no mercado de celulares se elas se associassem a companhias internacionais.

O diretor José Mauro Leal Costa descobriu, em Boston, um parceiro incipiente: o Crowley Group, criado por George Crowley, um advogado visionário de Washington, DC, que obtivera licença de operação com celulares. Numa das conversações, George sugeriu a Luiz uma temporada de estudos na capital dos Estados Unidos, de preferência na Georgetown University (onde o próprio George estudara). Luiz Garcia captou a ideia, conversou com Ophélia e decidiram ir. George costurou as apresentações e acionou seus contatos.

Fomos apenas Ophélia e eu, em 1993, para uma temporada de 1 ano. Moramos num apartamento em condomínio de alto padrão. Eu rodava a cidade com uma Mercedes. Essa temporada em Washington teve dois aspectos importantes: apesar das longas horas de estudos, tive mais tempo para conviver com a minha esposa; além disso, nós nunca aproveitamos tanto a oferta de cultura como naquele ano. Fizemos uma assinatura no Kennedy Center e frequentamos peças e concertos que tinham estado em cartaz em Nova York. Então, do ponto de vista cultural foi muito bom também.

O apartamento em Bethesda (bairro de Washington) era próximo ao escritório de George Crowley. A cada 15 dias, pelo menos, Luiz e George tomavam o café da manhã juntos. *Em seguida, George vendeu a empresa dele e colocou um bocado de dinheiro no bolso.* As aulas ocorriam de segunda a quinta pela manhã, sextas à noite e sábados o dia todo. O cotidiano era o mais prático possível: na dúvida, abria uma lata de comida, esquentava no micro-ondas e ponto final. Sentiu falta do feijão. *Feijoada em lata não é a mesma coisa, mas tinha outro jeito?*

Seus colegas de pós-graduação não eram majoritariamente donos de empresas. O perfil da turma era o mais heterogêneo possível. Ao final do curso, apresentou uma dissertação intitulada "O fim da era do autofinanciamento das telecomunicações no Brasil e suas oportunidades". Na época, já enxergava nitidamente para onde o mercado brasileiro de telefonia se encaminhava. Sua pesquisa mostrava como e por que o ciclo do autofinanciamento estava chegando ao fim para dar lugar a uma era de competição acirrada.

Pressenti que tínhamos um espaço de tempo muito curto para acelerar a venda de telefones por meio da captação de capital pulverizado. De posse dessa tese defendida lá, tentei convencer o Mario Grossi, nosso CEO na época, mas sem sucesso. O Mario não comprou a minha tese e, não comprando, ninguém mais na holding comprou, né? Mas o importante era que eu já enxergava, já antevia o que estava por vir. Quando você sai do ambiente habitual, enxerga as coisas mais claramente.

Mario e outros na Algar argumentavam o seguinte: "Nós captamos dinheiro de autofinanciamento e pagamos dividendos por isso". Luiz Garcia rebatia: "Mas praticamente ninguém procura tais dividendos por nem saber que eles existem. Você vende por mil, 2 mil dólares, e depois compra por 10% desse valor". *Não consegui expressar a minha tese de maneira condizente com o meu pensamento.* Luiz tem fama de duro na queda. Pode até perder a piada, mas não uma discussão.

Anos depois, durante uma de suas reuniões ritualísticas com executivos recém-ingressados na Algar, Luiz abriu o encontro com uma rápida "preleção" e, como de costume, disse: "Agora vou aprender com vocês. Ou vocês têm alguma pergunta?". Uma mulher levantou a mão: "Como o senhor se sente quando uma grande ideia sua não é aceita nem implantada?". *Sinto raiva de mim mesmo por não ter tido capacidade de persuasão o suficiente para convencer de que eu tinha razão.*

Agora, pergunto eu: o que leva as pessoas numa empresa a não aceitarem uma proposta ousada é a recusa natural à persuasão ou a falta de solidez no argumento do proponente? Luiz Garcia não pestaneja: As duas coisas. Sei que, na época, aquilo me angustiou muito. O embate de ideias gera certa agonia na gente. E o fato é que perdemos esse bonde. Nós podíamos ter capitalizado muito mais o Grupo, mas não consegui vender a ideia de que o mercado brasileiro ia se abrir. Agora, veja só, a minha tese está aí, provada e comprovada. Mas é tarde. Acabou.

Bolsa não é comigo

As temporadas nos Estados Unidos ampliaram sua visão estratégica dos negócios da Algar. Na Georgetown, transmitiram-lhe princípios, conceitos e noções de mercado internacional. Eu sou engenheiro, nunca havia me preocupado muito com a área comercial ou administrativa. Então, a minha mudança de foco começou lá, na Georgetown University. Se não tivesse estudado anteriormente em Washington, DC, talvez não houvesse obtido o excelente aproveitamento que teve na Universidade Harvard, de 1998 a 2000, no Owner/President Management Program.

Sair de novo do país para cumprir esse programa em Harvard foi, digamos, o coroamento do processo iniciado em Washington. Ao contrário de Georgetown, o programa em Harvard era bastante apertado. Três semanas inteiras por ano (geralmente em fevereiro), durante 3 anos. Cortei o jantar, comia apenas um sanduíche no quarto, e dormia pouco. Sempre gostei de deitar cedo, acordar por volta de 1 da manhã e estudar até as 4 ou 5. A essa altura, Mario já havia modificado praticamente tudo dentro da empresa, mas era viciado em trabalho e resistiu muito em passar o cargo para outro, conforme a gente tinha combinado. Veio para ficar 5 e acabou ficando 8 anos.

Dentro das diversas diretrizes de gestão traçadas por Mario Grossi, havia o projeto Talentos Humanos (na Algar, não se usa a expressão "recursos humanos"). O conceito de talentos humanos culminaria com a criação de um centro próprio de formação de talentos: a Universidade Algar (Unialgar), que fica bem próxima à sede da *holding*. Na prática, significa que cada executivo do Grupo (de qualquer escalão) é obrigado a comprometer, por ano, 10 dias de sua carreira com educação e treinamento. Assim chegou a Harvard: por "obrigação e necessidade".

Os alunos eram americanos (50%) e estrangeiros de várias partes do mundo. Havia duas classes heterogêneas. Os 116 participantes só eram reunidos num mesmo espaço quando havia palestras gerais ou grandes conferências. A turma dividia-se em três grupos: A, B e C. Numa semana, o grupo A trabalhava com o B; na semana seguinte, o A com o C; e, na terceira, o B com o C. Cada grupo criava suas comissões de trabalho, que se encontravam de manhã e logo depois do almoço.

O grupo de trabalho era extremamente importante, porque dava a oportunidade de discutir não só o case em análise, mas também os aprendizados aplicáveis às nossas próprias empresas. Imagine saber como é na Índia, como é na Austrália, como é na África do Sul! Eu ouvia respostas ao vivo sobre experiências de donos de empresa, pessoas na mesma situação que eu. Entre os 116 participantes, havia apenas dois brasileiros – ambos mineiros, por coincidência. Aquela experiência me trouxe um enriquecimento pessoal extraordinário.

Os relacionamentos se consolidavam nos grupos de trabalho, mas não faltavam eventos de confraternização. Uma vez por semana, era oferecido um jantar na Escola de Negócios. Na última semana de curso, elegemos o chefe de turma, o presidente e o primeiro e o segundo secretários. Um canadense foi eleito presidente, o primeiro secretário era um inglês e o segundo secretário, americano. Decidimos fazer um caixa extra para as reuniões futuras. A turma votou em favor do aporte de mil dólares para cada pessoa. Imagine, nós fizemos um caixa de 116 mil dólares!

"O que vamos fazer com esse dinheiro? Vamos aplicar na bolsa, vamos fazer isso, aquilo ou aquilo outro?", perguntei. Todos os meus colegas, sem exceção, tinham dinheiro em bolsa e muitos (não todos) queriam aplicar os 116 mil em ações também. Mas, escuta aqui, sondei: "Você não tem o seu próprio negócio?". "Sim." "E o seu negócio, por acaso, não está precisando de dinheiro?" "Precisa, sim, claro." "O seu negócio é aberto em bolsa?" "É." "Então por que você aplica seu dinheiro nos negócios dos outros?"

Luiz Garcia não identificou uma única resposta lógica à sua última pergunta. Abriu-se: *devo ser mais burro que vocês todos, porque o meu dinheiro está todo no meu negócio. Se eu perder, perco tudo.* A turma então aprovou, por unanimidade, a proposta de aplicar os 116 mil dólares num fundo de renda fixa. Até pouco tempo atrás, os grupos de amigos daquele curso encontravam-se anualmente para confraternizações, debates e palestras.

Em suma, nesses quase 10 anos ao todo em que fiquei distante das operações da Algar, passei por um processo extremamente importante de transformação e aperfeiçoamento pessoal. Conheci melhor o Brasil, conheci razoavelmente os Estados Unidos, aprimorei meu inglês e pude conviver com mentes brilhantes de várias idades e culturas nacionais diversas. A contribuição disso para a minha pessoa foi extraordinária.

Agir, mudando

SVB: *Pessoas centralizadoras devem ser combatidas nas organizações?*
LAG: *Numa crise, elas talvez sejam necessárias, mas, em voo de cruzeiro, fazem muito mal.*

Apesar das ameaças, das burocracias e dos assédios morais do período ditatorial (1964-1985), a CTBC não foi estatizada, absorvida ou diminuída. Ao contrário, expandiu pelo menos 50 vezes entre 1954 e 1982, quando atingiu a marca de 100 mil. Especialistas do setor acreditam que esse "fenômeno" se deveu, em parte, ao enraizamento e à funcionalidade da companhia em sua região. Decisivo mesmo, porém, diz-se, foi o modo como Alexandrino e Luiz Garcia enfrentaram a complexidade dos problemas: com diplomacia, tirocínio, racionalidade e clarividência.

Mesmo assim, no decorrer dos anos 1980, a mensagem dos militares continuava evidente: "Fiquem quietinhos ou estatizamos". Ninguém estava, digamos, "morrendo de medo". Até porque a telefônica dos Garcia era uma ilha pequena do gigantesco arquipélago Telebrás. Mas uma pergunta vinha com frequência à mente de Luiz: "Até quando?". O afã nacionalizante dos militares impregnara também os dirigentes civis da Nova República. Indústrias estrangeiras viram-se obrigadas a se associar a empresas brasileiras para poder operar dentro do país.

Naquele contexto de legislações, discursos e práticas "em defesa da nação", e num momento em que a maior parte das receitas do Grupo ABC vinha dos serviços telefônicos, Alexandrino e Luiz Garcia começaram a tomar decisões tão arrojadas quanto insólitas. Investiram em múltiplos empreendimentos. Juntamente com um sócio de Goiás, entraram em turismo, por exemplo, controlando metade do Rio Quente Resorts (antiga Pousada do Rio Quente), empreendimento *sui generis* do portfólio da Algar.

Ávidos, aportaram também no setor industrial, costurando uma série de aquisições e fusões com empresas estrangeiras da cadeia produtiva das telecomunicações. Duas importantes aquisições ocorreram quase simultaneamente: as italianas Teletra, do Rio de Janeiro, fabricante de terminais multiplex para longa distância, e a Italtel, sediada em Belo Horizonte, que produzia rádios multicanais – esta última acabara de vencer uma grande concorrência nacional para telefonia móvel por rádio.

A Italtel era, portanto, um pacote, que, além da fábrica em si, trazia a perspectiva da venda de milhares de linhas de telefone sem fio. Apoiados em tal concessão, construíram um sistema de rádio rural monocanal, serviço que, na época, custava 2 mil dólares para cada usuário. A Telebrás (efetivada em 1972), por meio de seu Centro de Pesquisa e Desenvolvimento (CPqD), exigia que esse rádio usasse uma fonte de alimentação 110/220 volts recarregável na bateria de automóveis.

A Italtel produzia bem rádios, mas não fontes. *Essa fonte de alimentação especificada pela Telebrás quase acabou conosco. Começamos a brigar com os nossos sócios. Eles queriam trazer o equipamento da Itália para o Brasil, mas isso não podia ser fei-*

to. Os governos estavam batendo na tecla da reserva de mercado, uma política que se revelou frágil. Por que importar se o Brasil tem para vender? Ora, porque o produto daqui era pior e mais caro. Enfim, foi um choque cultural tremendo.

A própria CTBC recusava-se a comprar produtos da Italtel. Siemens e Ericsson, por exemplo, produziam equipamentos com maior qualidade por um preço mais baixo. *Situação difícil aquela. A lição tirada foi que não basta querer trabalhar com pesquisa e desenvolvimento. P&D é para quem pode, não para quem quer, pois custa uma nota. Chegamos a ter 100 pessoas trabalhando nisso: de secretárias a engenheiros e cientistas. Além disso, ainda mantínhamos pessoal no próprio CPqD, em Campinas. Isso ajudou a balançar as finanças do Grupo, pois tivemos de recorrer a bancos.*

As duas fábricas (Teletra e Italtel), embora independentes, complementavam-se. Contudo, durante os processos de incorporação, foram tomadas algumas medidas até hoje consideradas discutíveis em termos de gestão de talentos. Em vez de aproveitar equipes engajadas com os dois negócios, executivos do próprio Grupo ABC encarregaram-se das diretrizes e supervisões. Luiz Garcia, por fim, convenceu-se, talvez tardiamente, de que "um operador não tem a mesma embocadura que um funcionário de chão de fábrica". De qualquer forma, no que tange à Italtel, o problema ia muito além da gestão de talentos.

Na verdade, os problemas da indústria do Rio eram completamente diferentes dos da fábrica de Belo Horizonte. Mas havia um fator central que atingia a ambas. Na época, a telefonia por celular já estava disponível e era mais avançada que a tecnologia por rádio, que acabou não sendo implantada, e não obtive-

mos de volta o dinheiro que pagamos por aquela concessão da Italtel. Embora o governo sempre dissesse "nós vamos compensar vocês de alguma forma", o fato é que o tempo passou e o assunto caiu no esquecimento.

Outro investimento arriscado dos anos 1980 foi a compra da Khun, fabricante de *modems*, que em seguida passou a se chamar ABC Dados. Luiz Garcia brinca que a Khun era uma empresa de "engenharia reversa", que desmontava os equipamentos disponíveis no mercado para poder copiá-los. *Nessa época eu nem sabia o que era um* modem. [risos]

O ímpeto expansionista dos Garcia foi assumindo novas formas, agora com o impulso das normatizações nacionalistas, contra as quais não se podia lutar. Associaram-se até a empresas de fora da cadeia produtiva de telecomunicações, como a multinacional francesa Bull, fabricante de *mainframes* (computadores corporativos). A Bull do Brasil era então dirigida pelo italiano Mario Grossi, que, mais tarde, se tornou o primeiro CEO da história da Algar não pertencente à família Garcia. Embora a tecnologia fosse totalmente francesa, o Grupo ABC detinha 51% das ações. A empresa decorrente dessa fusão foi a ABC Bull e toda a negociação acionária passou pelas mãos de Mario Grossi.

"O objetivo da fusão entre o Grupo ABC e a Bull era fabricar e vender *mainframes*. A fábrica funcionava muito bem. Enviamos jovens engenheiros brasileiros à França", lembra Grossi. "A tecnologia aportada em um parceiro nacional nos desvencilhava da Lei de Informática, que dizia: 'Se você quer ficar no Brasil, tem de fabricar no Brasil. Mas, para fabricar aqui, você tem de exportar três computadores para cada computador vendido no mercado nacional'. A Bull simplesmente não tinha condições de fazer isso."

A solução foi nacionalizar a empresa e encontrar um parceiro que assumisse o controle acionário e continuasse fabricando, apesar daquela "lei horrível". "A pesquisa do provável parceiro resultou em Alexandrino e Luiz. O Grupo Algar, na época denominado Grupo ABC, operava fundamentalmente no setor de telecomunicações, o que nos pareceu interessante por ser um setor mais ou menos próximo ao ramo de informática. Se me lembro bem, o projeto foi aprovado em 1982, quando eu já estava na França. Eu viajava muito, mas não estava fixado." Além de vice-presidente dessa *joint-venture*, Grossi era o responsável pelos negócios da Bull na América Latina, na África, na Ásia e no sul da Europa.

"Nessa época, o Grupo ABC já era muito diversificado", conta. "Devo dizer, sinceramente, que não tive ocasião de ir fundo conhecer as empresas do Grupo. Para ter um julgamento, uma visão clara, o melhor é viver na empresa por algum tempo e entendê-la por dentro. Minha grande preocupação era fazer essa nova parceria funcionar. E os resultados no Brasil foram muito bons. A empresa faturava mais de 200 milhões de dólares, contra 8 milhões antes da fusão."

Num dado momento, ocorreu na parceria um imbróglio de natureza contábil. A Bull consolidava seus números do Brasil em sua matriz na França e o Grupo Algar (assim nomeado a partir de 1990) consolidava a sua parte em Uberlândia. "Até que os franceses decidiram não consolidar aqui, porque o desempenho na França estava ruim e precisavam do lucro e da receita do Brasil para fechar bem o balanço. E, como o controle era nosso [nessa época, Mario era já o CEO da Algar], eles não podiam fazê-lo."

Com as controladorias em choque, foi proposta a compra de 2% das ações a fim de inverter o comando estratégico. *Assim como eles não podiam consolidar os balanços lá, nós não podíamos aqui. E não fazia sentido comprarmos a parte deles, porque não teríamos acesso à tecnologia de computação. A saída foi eles comprarem a nossa parte.* "A besteira contábil foi deles, não nossa", enfatiza Grossi. "Então vendemos a totalidade das ações *[a participação acionária teve fim em 30/04/1999]*."

QUEM TEM FIBRA

Com vários negócios no Rio de Janeiro (Teletra, ABC Dados e outros), Luiz Garcia foi informado sobre a complicada situação da X-Tal, então presidida pelo brigadeiro João Paulo Burnier (1919-2000). Burnier ingressou na iniciativa privada e, juntamente com outros militares, fundou, em 1974, a X-Tal do Brasil, indústria e comércio de cristal de quartzo, "produto estratégico para a nação", dizia-se.

Durante um almoço informal no Rio, um ex-diretor da Philips do Brasil mencionou as dificuldades da X-Tal por sua "falta de cérebro e dono", entre outras deficiências. Alexandrino e Luiz Garcia aparecerem para conhecer a empresa por dentro. Consta que o brigadeiro, após cumprimentar os visitantes, pousou sobre sua mesa uma pistola automática Walther PPK. "O senhor poderia apontar isso para o outro lado, brigadeiro?", pediu João Batista Araújo, diretor comercial da Algar Telecom.

Não compramos as ações do Bandespar [holding do BNDES, criada para administrar as participações em empresas detidas pelo banco]. Apenas injetamos capital na empresa para fazê-la crescer. Na época, além de produzir cristais osciladores, a X-Tal possuía um embrião de fibra ótica. Tecnologias ainda rudimentares, digamos. Mas tinha. Mesmo assim, no momento em que o CPqD abriu a concorrência de fibra ótica, a empresa "menos despreparada" era a X-Tal.

A tecnologia de fibra ótica é um marco na história da comunicação em massa de dados. A Era Digital, em parte, é fruto da fibra ótica. Para assistir a um telejornal ao vivo *on-line*, por exemplo, é necessária uma capacidade de transmissão de dados impossível de ser visualizada fisicamente pela mente humana. Todo sistema de trânsito de dados (texto, imagem, áudio etc.) em Telecom exige hoje uma onda portadora que leve a informação de um ponto A a um ponto B, algo equivalente a embarcar passageiros num ônibus e transportá-los de uma cidade para outra.

A fibra ótica é o veículo que faz a luz se transportar. Por essa analogia, a fibra ótica representa o ônibus – um ônibus invisível, no caso. Tecnicamente falando, trata-se de uma micro-onda de luz infravermelha com uma frequência capaz de transportar zilhões de informações simultaneamente. Outros sistemas de transmissão avançados disponíveis em 2011 realizam esse trânsito de dados com uma capacidade 100 mil vezes inferior à capacidade de uma única fibra ótica. Em termos de "lotação de passageiros", então, os cabos coaxiais, por exemplo, são um carrinho de mão se comparados às fibras, cujo diâmetro é menor que o de um fio de cabelo.

O cientista chinês Charles Kuan Kao, um dos pioneiros na pesquisa e no desenvolvimento dessa tecnologia, foi um dos ganhadores do Nobel de Física em 2009 por seus feitos originais em relação à transmissão de luz em fibras óticas para fins comunicacionais. (O prêmio foi dividido com dois cientistas – William S. Boyle e George E. Smith –, ambos de outro campo de pesquisa, que inventaram o circuito semicondutor de imagens, ou sensor CCD.)

Nos anos 1970, a norte-americana Corning Glass Works, criadora dos pratos Pyrex, injetou centenas de milhões de dólares nas pesquisas com fibras de vidro, contribuindo para que as descobertas de Kao se tornassem economicamente aplicáveis. José Mauro Leal Costa, ex-CEO do Grupo Algar, integrou o primeiro grupo de alunos de pós-graduação de uma universidade americana a estudar fibra ótica.

Em função dessa experiência, José Mauro trabalhou na montagem da fábrica de fibras óticas da ABC X-Tal Microeletrônica S/A, em Campinas, constituída em 1982. O terreno da fábrica fazia divisa com o prédio do CPqD. "O 'X' da X-Tal representa a forma técnica da palavra 'cristal'. A X-Tal do Brasil fabricava osciladores de quartzo e já tinha iniciado um empreendimento com fibra ótica também, mas não para a Telecoms. Seu principal cliente havia sido a Hidroelétrica de Itaipu. A fábrica que montamos em Campinas não tinha nada a ver com a fábrica que existia no Rio. Era um projeto totalmente novo", lembra.

"Um evento de que não me esqueço: fui a Uberlândia conhecer o sr. Alexandrino Garcia. O Grupo queria continuar investindo em produtos relacionados a telecom, TI etc., então fui enviado aos Estados Unidos para sondar outras áreas de negócio, como *laser* para telecoms, circuitos híbridos a filme espesso e outros produtos que viríamos a fabricar na nossa nova fábrica de Campinas. A minha missão era exploratória. Mas em seguida, mais ou menos em 1989, o Grupo entrou numa das piores crises financeiras de sua história.

"De repente, chega lá em Washington uma carta escrita pelo sr. Alexandrino pedindo para eu contatar o IFC [International Finance Corporation], órgão do Banco Mundial, e levantar um financiamento de 50 milhões de dólares. 'Pô', pensei, 'eu, PhD em Física com experiência em fibra ótica, venho aqui pesquisar *laser* e, de uma hora para outra, tenho de arranjar todo esse dinheiro!'. Aquilo não era da minha formação, não era a minha praia de forma alguma. Mas fui em frente. Luiz sempre me motivou, sempre me colocou em contato com o que havia de mais avançado em termos de tecnologia e gestão."

José Mauro e Luiz Garcia divergiram em vários momentos dentro do conselho de administração da Algar. "Mas o Luiz é um cara extremamente transparente. Não guarda mágoa. Se ele tiver de te falar alguma coisa, vai falar na hora. Não fala depois, por trás. Na época da construção da fábrica da ABC X-Tal, em Campinas, a gente enfrentou uma pressão brutal das multinacionais. Algumas queriam simplesmente nos impedir de produzir fibra ótica."

As "multis" não se conformavam com o fato de a legislação prever que uma fábrica nacional de fibras óticas tivesse reserva de mercado de 5 anos de fornecimento às empresas do Sistema Telebrás. "Foi um escarcéu. Elas não se conformavam com o fato de uma empresa brasileira estar em condições de produzir fibra e de já ter até contrato de fornecimento", lembra José Mauro.

Como não podiam comercializar a fibra industrializada fora do Brasil, fizeram campanha para desacreditar a ABC X-Tal.

Uma multinacional fornecedora de cabos coaxiais ao Sistema Telebrás, com acesso direto aos canais compradores, denegriu a X-Tal sistematicamente. "Mesmo assim, produziu-se muito. A Embratel enlaçou o Brasil inteiro com fibra ótica nossa", conta José Mauro. "Aquele era um negócio de tecnologia avançadíssima para a época. Estamos falando de 1983. A composição do mundo era outra e o Brasil não tinha tradição nem credibilidade nesse setor. Fui à Suécia várias vezes acompanhar as certificações. A nossa fibra passou em todos os testes."

O espírito empreendedor de Luiz Garcia impunha-se com cada vez mais força dentro do setor de telecomunicações. "Luiz é o cara que corre o risco junto com você, que banca o risco", orgulha-se José Mauro. "O 'erro' por negligência é inadmissível para ele, mas o 'erro' genuíno, o 'erro' de quem tenta, de quem se lança com criatividade, ele aceita tranquilamente. Esse modo de pensar e de agir te dá suporte – estrutura e infraestrutura – para ousar. Significa que vai dar certo em 100% dos casos? Não. Mas ele te motiva a errar e depois a consertar; enfim, a não repetir e seguir adiante, sempre experimentando coisas novas."

A fibra ótica nunca nos trouxe muito dinheiro, mas nos dava um status extraordinário. Em qualquer lugar do mundo onde a gente falasse que fabricava fibra ótica, os caras nos recebiam com um respeito que nem sei descrever para você. Mas, por fim, acabamos vendendo a ABC X-Tal para uma empresa americana, que pagou a entrada da compra e nunca mais pagou nenhum tostão. Aquela foi uma perda quase total.

Luiz Garcia e o pai não resistiam a um negócio. Nunca viveram de aplicações bancárias. Se havia caixa, investiam. Compraram ainda uma fábrica de moagem de óleo, embora não conhecessem nada do assunto. Vislumbravam futuro em tudo o que lhes parecesse sólido ou inovador. Meteram-se até com abacaxis – literalmente –, possuindo a maior lavoura contínua de abacaxi da América Latina. *Minha mãe, uma senhora simples, me disse assim: "Meu filho, mexer com abacaxi? O nome já diz: é um abacaxi!"* [risos]

Por favor, cortem

Sobreviver aos anos 1980, década de recessão, hiperinflação e autoritarismos disfarçados (quando não demagogicamente declarados), foi uma façanha para a maioria dos brasileiros. Aquela dureza afetou Luiz Garcia também, com componentes extras. Em 1988, aos 81 anos, Alexandrino sofreu um AVC que o afastou do comando dos negócios. O volume de dívidas das 64 empresas do Grupo ABC era simplesmente incontornável. O "mago" Wilson Costa, diretor financeiro que se firmara na posição antes ocupada brilhantemente pelo primogênito Walter Garcia [falecido em 1974], colapsou por estresse e afastou-se da função por ordem médica.

"Eu era muito próximo do Wilson, que, simplesmente, deprimiu", lembra Cícero Penha, diretor de Talentos Humanos da Algar. "Depressão é terrível. Faz desabar a estrutura psicológica. A pessoa passa a ter medo até da própria sombra. Luiz Garcia então assumiu o comando geral e criou um comitê executivo. Ou seja, ele delegou, ao contrário do sr. Alexandrino, que era centralizador. Nós éramos profissionais, mas não tínhamos a formação gerencial que um grupo daquele tamanho precisava. O mundo dos negócios não é para inocentes. É cruel, não perdoa. E nós éramos, até certo ponto, inocentes."

Uma guerra não acaba por falta de um líder. Mas, quando você tem poucos líderes e perde dois deles de uma só vez... Ficou claro que não dava para continuar. Eu não tinha condições de dirigir as empresas sem o meu pai e sem o nosso braço direito. Não havia condições físicas nem psicológicas. Eu estava sob as mais diversas pressões: dos parentes, dos credores, dos nossos executivos. Sem contar que ver meu pai, meu mentor, um homem que me parecia imbatível, naquele estado, era terrível. A primeira coisa que me ocorreu foi: "Preciso de ajuda".

Luiz Garcia e Alexandrino perderam muitas noites de sono na vida, mas não por questões financeiras, garantem. Consideravam que as dívidas, por exemplo, eram um problema equacionável, sempre. Certa vez, o general José Antônio de Alencastro e Silva, importante personagem das telecomunicações no Brasil, disse a Alexandrino: "O senhor vende a sua empresa agora, enquanto pode fazer dinheiro com ela. Daqui a uns anos, o que vai acontecer é que nós vamos tomá-la. Aí ela não vai valer mais nada. Ou seja, o senhor não vai receber nem um tostão".

Alexandrino raramente se constrangia: "Olha, general, vou sentir muito, mas estou velho e não tenho só a renda da CTBC. Tenho outros negócios. Então, vou viver. Minha vida não é pomposa, é apenas modesta. E meu filho é engenheiro e o senhor mesmo vai dar emprego para ele, se for o caso. E se o senhor não der, ele vai ter emprego em qualquer lugar do mundo. O senhor não se preocupe conosco, não, pois não estamos preocupados com dinheiro".

Realmente, se tem uma coisa que nós não somos é apegados a dinheiro. Nós somos apegados ao trabalho, aos propósitos de servir bem e às nossas intuições. Isso é o grande patrimônio que a Algar possui e não abriremos mão dessa perspectiva jamais. O patrimônio financeiro, aliás, é decorrência disso. A gente não precisa sair perseguindo. Tem uns que vão dar calote aqui, ou um tombo noutro acolá, para poder ganhar mais dinheiro, mas quem faz isso nunca será eterno. A eternidade se constrói em cima de princípios.

A CTBC operava separadamente (inclusive porque era o carro-chefe) do Grupo. Luiz Garcia dividia seu tempo em expedientes de 1 ou 2 horas em cada sede, solucionando questões que envolviam telecomunicações, aviões executivos, fazendas, comércios, indústrias. "Viu-se que aquele procedimento estava se tornando inviável", recorda-se Celso Machado, hoje diretor de Cultura Corporativa. "Quando ligávamos para ele, a gente não sabia com quem estava falando – se era o dr. Luiz do táxi-aéreo, se era o dr. Luiz da agro, se era o da CTBC, se era o da Sucotrisa."

No final dos anos 1980, o Grupo ABC entrou em parafuso. Várias atividades, como as revendas de automóveis, estavam no vermelho há anos e as empresas sediadas no Rio, principalmente os empreendimentos industriais, sangravam o caixa. Com o time desfalcado de seus principais craques, Luiz Garcia reconheceu que o único caminho era promover uma reestruturação total, que passava necessariamente por "cortar, organizar e concentrar". Mas, por razões diversas (que incluiam seu próprio ímpeto empreendedor), não se sentia capaz de fazer aquilo sozinho.

Abrimos um leque muito amplo de atividades. Quando você abre o leque demais, percebe que muitas atividades dão certo e outras, não; que umas dão mais trabalho, inevitavelmente, e outras dão menos; que umas dão status e reputação, enquanto ou-

tras só causam dor de cabeça. Mas não é possível saber as coisas todas antes de elas acontecerem. O conhecimento é um processo. Aquilo tudo fazia parte da cultura que estávamos adquirindo. Mas... Olha, no fundo, não me arrependo. Se tivesse de repetir tudo, eu repetiria.

Nunca foi homem de planilhas. Em julho de 2010, durante uma visita de inspeção à Fazenda Lapa do Lobo, em Paranaíba (MS), conversávamos, dentro do possível, em cima da carroceria de um caminhão em movimento. Entre poeiras, fumaça de óleo diesel, escapamentos furados e sacolejos bruscos, ouvia-o falar laconicamente sobre a diferença entre ser dono e ser administrador. Semanas depois, pedi-lhe detalhes. Foi tão curto quanto claro: "O dono pensa no longo prazo; o administrador visa ao seu bônus de fim de ano". Para ele, "negócio é negócio" e, em princípio, não importa o setor.

Eu, hoje, penso que essa é a minha missão. No dia a dia, os nossos talentos tocam as empresas muito melhor que eu. Acho até que somos dispensáveis no dia a dia. Mas, para prospectar novos negócios, você precisa estar antenado com o mundo. Não dou conta de conferir os últimos números depois da vírgula. Tem gente que faz isso com maestria. Nós estamos preparados, ou pelo menos pensamos estar, para sair prospectando. Essa é minha ação principal, na verdade.

Estudamos muito, temos condições de viajar, de conhecer lugares e ver o que outras pessoas têm feito. Então me sinto meio que na obrigação de trazer para a nossa região, para o nosso país, o que houver de melhor, o que estiver acontecendo de melhor no mundo. E, se necessário, dar uma guinada para outro setor, sim. Tivemos um movimento inverso, de downsizing, *nos anos*

1990, mas nunca abandonei a ideia de diversificação. Ando por aí alerta. Há setores que estão meio conturbados agora, mas que, daqui alguns anos, podem ser o pulo do gato.

A crise do final dos anos 1980 era grave e exigia não apenas um choque de gestão, mas também articulações políticas e sentimentais com familiares. Como acionista majoritário, Luiz Garcia optou, em princípio, por contratar um executivo tarimbado, com quem pudesse dividir poderes e experiências, suprindo mutuamente as eventuais deficiências de perfil um do outro. O nome mais aventado foi o do italiano Mario Grossi, que havia sido presidente da Honeywell Bull do Brasil.

A cúpula da Bull, multinacional de origem francesa, o enviara para uma missão na sede, em Paris, onde ele estava morando. Nessa época, o diretor da ABC Bull Telematic S/A (razão social resultante da fusão da Bull do Brasil com a ABC Sistemas Eletrônicos S/A) era Alberto Perazzo, que disse: "Luiz, estou vendo que vocês estão em sérias dificuldades. Nós estamos, na verdade. Nós todos. Eu recomendaria convidar o Mario Grossi para trabalhar conosco". Mario era relativamente conhecido nas empresas do Grupo ABC, tendo participado ativamente, por exemplo, do processo de fusão que gerou a ABC Bull.

Luiz Garcia acolheu bem a sugestão de Perazzo, mas, no fundo, não acreditou nela como uma possibilidade financeiramente viável. "Perazzo, o salário do Mario na França deve ser altíssimo. Não estamos em condições de cobrir." "Não é bem assim", retrucou Perazzo, "a Bull é uma empresa do governo francês, que paga aos colaboradores um salário bom, mas nada que seja um bicho de sete cabeças". Luiz Garcia, na época, levou a ideia ao conhecimento de Alexandrino, quando este ainda gozava de saúde plena. "Conhecemos o Mario do outro lado do balcão", Alexandrino comentou. "É uma boa pessoa."

A negociação da transferência de Mario de Paris para Uberlândia durou 3 anos. Os diálogos avançavam, retrocediam, davam dois passos a frente, um para trás... Com Alexandrino fora de combate, porém, a questão tornou-se urgente, urgentíssima. "Mario, não dá mais. Minha capacidade de negociar se esgotou. Não tenho condições de te oferecer mais. Ou você vem ou vou procurar outro CEO." Mário sentiu a profundeza do drama. "Está bem, Luiz, topo. Mas quero um contrato de 5 anos, multa por rescisão e carta branca para fazer o que for necessário."

Em princípio, as bases pareciam razoáveis, exceto por essa exigência de liberdade total para demitir e para fechar empresas. Além disso, havia uma multa pesada (em dólares) em caso de rescisão. O plano de Mario era sedutor: sanear o Grupo ABC em 5 anos. Luiz Garcia teria de entrar num regime de contenção de seu ímpeto empreendedor. De agora em diante, nada de fusões ou aquisições; nada de arriscar-se em setores desconhecidos. Aquilo era o mesmo que ordenar a um centroavante: "você não pode mais chutar para o gol".

O contrato de Luiz Garcia com Mario Grossi foi assinado em 11 de dezembro de 1988. O italiano tinha história no Brasil. Viera para São Paulo em 1973, com a meta de levantar a filial latino-americana da Bull, que estava em apuros. Cogitava-se até mesmo o encerramento das atividades da empresa na região. Comparada à IBM, que dominava o mercado de *mainframes*, a Bull do Brasil era uma empresa insignificante. Mas Mário, vidrado em desafios, havia conseguido levantá-la e fazê-la dar lucro.

"A Bull que criamos aqui não tinha nada a ver com as equivalentes americanas ou europeias", ele disse. "Não criamos algo copiado. Criamos algo próprio, com uma cultura local. Comecei em São Paulo. Num certo ponto, pensei: 'Sozinho não vou levantar essa empresa. Por isso, vamos criar um time. Motivar a equipe como um todo. Caso contrário, vamos fechar. Fechar!'. O pessoal, no início, foi cético: 'Ah, chegou o cara que diz coisas que nunca vão acontecer'. Porque, nos anos anteriores, foi sempre dito algo e nada acontecia mesmo. Mas comecei a implementar rigorosamente o que eu dizia, gerando resultados. E, pouco a pouco, criou-se um senso de equipe. No início, de três ou quatro; depois cinco, dez, vinte, trinta pessoas... Quando perceberam que o que se dizia era de fato realizado, começamos a obter efeitos espetaculares. Você deve tomar muito cuidado com o que diz. Se faz uma promessa, tem de mantê-la e cumpri-la. Se diz que vai fazer uma coisa, faça mesmo. Mas a Bull era uma empresa pequena, que dava para consertar, dava para arrumar, enfim."

Vírgulas antes de cem

A *holding* que Mario assumiu efetivamente em fevereiro de 1989 não era uma "empresa pequena" como a filial latina da Bull. O Grupo ABC tinha sob seu guarda-chuva 64 empresas, 13,5 mil colaboradores e problemas de elevada complexidade, que ultrapassavam os limites matemático-financeiros. Aspectos menos objetivos, como intrigas e disputas por poder, também estavam em pauta. Mario sentiu-se odiado no primeiro ano. Até porque, tanto dentro quanto fora da família Garcia, suas ações imediatas eram totalmente impopulares.

"Dois fatores me levaram a aceitar aquele desafio: primeiro, voltar para o Brasil, que eu adoro, e segundo, eu me sentia capaz de arrumar a coisa toda. No início, reavaliei muitas vezes se tinha feito a escolha certa. Fui convidado a assistir a uma reunião do Prodex e compreendi: era mesmo um problemão. Mas a equipe era excelente, não pegamos ninguém de fora. Tudo foi feito com o pessoal interno. Certamente, eu não teria chegado a lugar algum sem aquelas pessoas que estavam lá", Mario declarou ao Centro de Memória Algar.

O próprio Luiz Garcia, que concedera plenos poderes ao italianíssimo, ficou numa posição desconfortável. *Imagine uma reunião ocorrendo na sala ao lado da sua, você querendo interferir e não podendo. Foi muito difícil para mim. As empresas do setor automobilístico, por exemplo, vinham dando prejuízo há anos. Primeiramente, Mario levantou a hipótese de que a causa era a incompetência dos meus tios, irmãos do meu pai, porque eles eram arcaicos, usavam métodos ultrapassados de comercialização e resistiam à modernidade. É lógico que sair da revenda de automóveis depois de 50 anos não era simples. Uma raiz muito profunda havia sido criada ali.*

Falei para o Mario: "Quem tem de acertar com meus tios sou eu". E acertei com todos eles. Houve quem ficasse com raiva e não quisesse mais ver a minha cara nem pintada. A conclusão era cruel: só era possível operar naquele setor de revendas sonegando impostos ao máximo. Outro exemplo disso foram os frigoríficos CBCC [Consórcio Brasil Central de Carnes, um em Iturama e outro em Uberlândia], que faturavam 20% do total do Grupo. Mas, naquela época, para aquela empresa sobreviver, ela tinha de sonegar 80% do que faturava. Então: "Não dá. Para com isso. Chega".

Mario era inclemente no que se referia ao respeito às leis: "O conceito-base para a conquista da confiança das pessoas é a transparência", enfatizava. "Chega o ponto em que ou você vende ou fecha a empresa. Os frigoríficos... Não conseguimos vender, tivemos de fechar. Mas sempre que fechávamos uma empresa, dávamos opções às pessoas: ter certo número de mensalidades ou acionar outra empresa que pudesse assumi-la. Enfim, ainda hoje tem gente que, quando ouve o meu nome, fala coisas horrorosas. Geri aquilo tudo na base do corpo a corpo."

Entre 1989 e 1991, Mario almoçava na casa de Luiz Garcia, em Uberlândia, praticamente todos os dias. O assunto principal eram os negócios. À mesa, Luiz extraía os fatos da hora e trocava ideias. Nessa época, Luiz ainda não tinha a íntima clareza de que deveria se afastar do cotidiano da *holding* para centrar-se em sua própria formação pessoal e gerencial – ou seja, "fazer o que eu sempre quis". Ingressar na Escola Superior de Guerra e cursar uma pós-graduação nos Estados Unidos, por exemplo, eram possibilidades que vinham sendo consideradas há anos.

O plano só amadureceu quando "a ficha caiu pela segunda vez". A primeira vez havia sido 30 anos antes, quando o jovem engenheiro recém-formado, pleno de energias e ideais, chocara-se com a personalidade e a maneira de administrar do pai. Num de seus "embates" com Mario Grossi, veio-lhe à mente o mesmo provérbio dito pelo professor Sérgio Marques: "O jeito mais fácil de afundar um barco é pondo dois comandantes a bordo". Num evento de boas-vindas a Mario na Associação Comercial e Industrial de Uberlandia (Aciub), Luiz Garcia, de repente, foi convidado a discursar de improviso. No discurso, um ato falho: "Eu sou o dono e o Mario é o comandante".

Aos poucos (e dentro do possível), Luiz Garcia afastou-se fisicamente do processo de reestruturação, fato que também contribuiu para que as pessoas começassem a se reportar mais a Mario e menos ao "dono". O Mario é sui generis. A *capacidade de trabalho dele era incrível: 18 horas por dia, sábados, domingos, feriados. Nunca tinha visto algo assim: um sujeito na mesa do escritório trabalhando, comendo e lendo reportagens ao mesmo tempo. Era o autêntico* workaholic.

Mario defendeu com unhas e dentes a ideia de "empresa aberta": "Quando falei que era importante mostrar para todo mundo a contabilidade, enfim, abrir o jogo, o Geraldo Caetano [diretor financeiro do Grupo ABC, na época] me disse: 'Mostrar o quê? Não posso. Impossível'. Foi um choque. Mas rebati: 'Tem de mostrar, sim. Precisamos adquirir a confiança do público externo. Todo mundo tem de saber o que você está fazendo e como está fazendo'. Com o tempo, fui conseguindo alterar a mentalidade".

A expectativa com a vinda "daquele cara, o italiano" gerou especulações e ansiedades. "Imaginei que viria alguém, talvez um salvador, mas nunca pensei que viesse um cobrador", lembra Celso Machado, hoje diretor de Cultura Corporativa. "A chegada do Mario foi um acontecimento. Ele, que era um grande *controller*, com uma visão muito clara de custo, provocou – e precisava provocar – uma ruptura na nossa irresponsabilidade, na pouca atenção que dávamos aos números e aos custos. Mario era muito bom de mira. Sei de outros exemplos de mudança em que o atirador acabava acertando inocentes. Mario, não. Ele foi muito feliz nos alvos."

As demissões, acredita Celso, foram criteriosas. "Ficaram aqueles que mostraram responsabilidade e capacidade de transformação, resgatando o que o sr. Alexandrino pregou durante anos, ou seja, que cada um se sentisse responsável pelo negócio. Foi um momento duro, difícil, uma revolução, realmente. Acho que, assim como temos uma estátua do sr. Alexandrino na entrada da *holding*, não ficava mal ter uma do Mario, pela dedicação dele em mudar as nossas mentalidades até então acomodadas."

"O sofrimento é rico", Celso reflete. "Quem aprende fazendo ganha mais do que quem aprende vendo ou ouvindo apenas. Para sobreviver à 'era Mario Grossi', você precisava ter valor e demonstrar esse valor. Foi muito legal ter participado disso, porque o cara se colocava à disposição para te orientar; se você precisava dele para qualquer orientação, ele era seu avalista também. Cobrava, mas te ajudava a conseguir. Ao instituir uma nova forma de conhecimento, acabou nos preparando para as transformações que o país passaria nos anos 1990."

Mario era a encarnação do interventor, lembra José Mauro Leal Costa. "Eu estava com sérias dificuldades, porque trabalhava em São Paulo com um chefe, dois colegas e um cara hierarquicamente abaixo de todos nós. Meu chefe foi demitido, assim como os outros três. O que pensar? Que eu era o próximo, né? E houve sinais claros disso. A inflação estava em torno de 40% ao mês. Então, se o salário não fosse corrigido pelo menos de acordo com a inflação, você estaria andando para trás. Lá pelas tantas, Mario criou um índice de correção sobre o índice da inflação que, dependendo da satisfação dele sobre a sua *performance*, ganhava 100% mais. Daí veio um cara em São Paulo falar 'Olha, o Mario resolveu que o seu índice de satisfação esse mês vai ser 90%'. 'Nossa, perdi 10% de correção. Ele vai me dispensar', pensei. Mas, não."

Um ano depois do ingresso de Mario no Grupo ABC, o Plano Collor, pacote econômico lançado no primeiro dia de governo do presidente Fernando Collor de Melo, confiscou recursos de poupança e reduziu drasticamente a liquidez do sistema financeiro, com vistas a derrubar a inflação, que estava ao redor de 1% ao dia. A reação das equipes do Grupo ao pacote não foi de insegurança, medo ou desespero. Na visão de Mario, a atitude proativa da maioria dos diretores em relação àquele sombrio contexto macroeconômico foi o primeiro sinal de confiança em seu trabalho.

"Naquele momento, nunca se disse 'Puxa vida, o que será de nós?'. Ninguém pensou nisso, garanto. Ao contrário, eu ouvia as pessoas ao meu redor dizendo 'vamos sair dessa'. Ou seja, começaram a ver que 'a empresa está melhorando e, de uma maneira ou de outra, encontraremos soluções'. De fato, encontramos uma série de soluções. Isso não é possível quando a equipe está em desacordo ou desmotivada. Você pode ter o melhor *manager* do mundo. Jack Welch [*ex-chairman* da General Electric], por exemplo, conseguiu fazer mudanças porque soube montar equipes.

"Você tem de ir, estar presente, senão as pessoas não acreditam em você. Festinhas? Então você tem de estar lá. Reuniões nas empresas? Você tem de estar lá, dizer as suas palavras, ver, conversar, comprometer-se. Caso contrário, você não consegue nada. Vai ser visto como um *manager* normal. Um *manager* normal funciona como funciona a maioria das empresas dos Estados Unidos, da Europa, do Brasil quando há crises: pessoas céticas, aterrorizadas, sem esperança. Todo mundo se referia à empresa como 'nossa'. Isso é fantástico", Mario declarou ao Centro de Memória Algar.

Os primeiros resultados daquela tremenda reengenharia começaram a aparecer já em 1991: "Em um dado momento daquele período, recebi uma notícia que me surpreendeu. A Prefeitura Municipal de Uberlândia havia me concedido o título de 'cidadão uberlandense'. Então perguntei ao Luiz: 'Por que? Ainda estamos no meio do processo aqui'. E o Luiz respondeu: 'Isso é reconhecimento, Mario. Nós já saímos da pior fase'. Eu via as coisas de maneira diferente, mas Luiz me convenceu: 'O título é justo por isso, isso e isso'. Naquele episódio, senti na pele as nossas melhoras institucionais".

Em 2 anos, o total de empresas do agora chamado Grupo Algar passou de 64 para menos de 30. O total de colaboradores baixou de 13,5 mil para 6,5 mil. Aquele foi um dos processos de *dowsizing* mais espetaculares da história do Triângulo Mineiro, para dizer o mínimo. "Até porque foi feito sem traumas nem alardes com os profissionais de operação. O nervosismo atingiu mais os diretores, porque o dr. Mario, no início, não cortou as cabeças de empregados de base, mas sim as de diretores, incluindo alguns presidentes de empresas", conta Cícero Penha.

Mario estruturou o Grupo Algar em quatro grandes setores: telecomunicações, agronegócio, entretenimento e serviços. O Grupo, como um todo, já respirava sem aparelhos. "Já depois de 3 anos, talvez 3 anos e meio, o ponto de crise estava superado", disse o CEO. "Conquistada a confiança das pessoas, elas passam a jogar no mesmo time, trabalham da mesma maneira. Você pode até continuar tendo dificuldades, mas vai resolver. Sem dúvidas, vai resolver."

Em meio a traumas e revoluções, ocorreu um episódio tão interessante quanto insólito. Em 1990, diante da iminência de expiração dos prazos de concessão da CTBC, Mario mobilizou todas as forças vivas não só de Uberlândia, mas de toda a área de concessão da companhia telefônica fundada por Alexandrino. *Convenceu prefeitos, vereadores, clubes de serviços, maçonaria etc. a emitirem ofícios aos seus respectivos deputados conhecidos, pedindo a permanência da CTBC "por seus bons serviços prestados". Paralelamente a isso, caravanas de funcionários dirigiram-se a Brasília para pressionar parlamentares.*

Um comitê de relacionamento com o Congresso Nacional foi criado em Brasília com o objetivo de divulgar a CTBC entre os deputados e senadores de outras regiões do país. O afã estatizante era total, na época. Odacir Soares, senador por Rondônia, opinou: "Vou preparar o projeto de vocês para enviar ao Congresso". A Constituição Cidadã de 1988 contemplava a possibilidade de que um projeto de lei pudesse partir dos Poderes Executivo ou Legislativo. Podia partir até abaixo-assinados populares, algo impensável durante o período militar.

"O deputado mineiro Ibrahim Abi Ackel, então relator na Comissão de Infraestrutura e Constituição, demonstrou a constitucionalidade do nosso projeto de lei, que foi muito bem elaborado em termos técnicos", conta Dilson Dalpiaz Dias, que participou ativamente daquela missão. "O *staff* da CTBC em Brasília era composto de uma pessoa: eu. O projeto sofreu alterações. As concessões, em vez de 30 anos, passaram a ser de oito mais oito. Pessoas altamente estatizantes disseram: 'Olha, sou a favor da intervenção estatal, mas essa empresa tem de ficar'."

O projeto baseava-se no fundamento democrático de que a vontade popular era soberana. "Se o cliente quer, se o associado quer e se o serviço prestado é de qualidade, por que não continuar com a CTBC? Mais uma vez, então, a CTBC foi pioneira, assumindo o risco de ser o ponto de mutação do sistema de telecomunicações no Brasil. O fato é que, no momento da discussão da quebra do monopólio estatal nas telecomunicações, em 1995, a CTBC era o único parâmetro de comparação entre o privado e o estatal. A CTBC, até hoje, é um caso único."

Leis da sobrevivência

Luiz Garcia não nega que temeu pelo futuro do Grupo. O mundo dos negócios é volátil. Um empreendimento empresarial é como um regime político democrático: tem de se pagar o preço da "eterna vigilância", como dissera o primeiro-ministro britânico Winston Churchill. Em qualquer empresa, há o momento em que as operações entram em voo de cruzeiro, mas isso não significa que "andam por si mesmas". *Um amigo meu tinha uma mina de ouro em Goiás e faliu. Até mina de ouro pode falir! Então você tem de estar no controle, ser rígido, cobrar, monitorar. Não dá para deixar para lá. Definitivamente, não.*

O plenipotenciário Mario Grossi mostrou dedicação e competência, mas cada tábua que caía doía no coração do dono. Luiz Garcia é apaixonado pelo progresso, pelo desenvolvimento, pelo crescimento. A redução, para ele, é uma experiência triste, mesmo ciente de que "aprendemos mais na derrota que na conquista". *Nunca vi alguém parar para pensar sobre onde acertou. Todo mundo para para pensar em onde errou, por que errou e como não errar mais. Se você não extrai nada de uma derrota, nem vale a pena sofrê-la.*

A convenção de família fora feita durante o período de convalescença de Alexandrino (1988-1993), em plena fase de *downsizing*. Não houve inventário após a morte do fundador. Tudo já havia sido pactuado e dividido, segundo Luiz Garcia. *Tudo no seu devido tempo, passo a passo, pensado, estudado, chamando para conversar, mostrando os argumentos e as possibilidades. A política de 'portas abertas' é a melhor. Eu não tinha nada a esconder, na verdade. Realmente acredito que a melhor defesa é você não precisar de defesa.*

Tem-se hoje um entendimento geral de que Mario Grossi revolucionou a Algar ao estabelecer as bases de um sistema gerencial avançado, com conceitos de ponta criados dentro do próprio ambiente ou adaptados de outras culturas. "Havia aqui uma população de executivos mal-educados, sem formação adequada e com uma visão estreita de lucro, sem sensibilidade orçamentária nem compromisso com resultado", lembra Cícero Penha. "O sr. Mario me ensinou muita coisa. Passei 4 anos atuando mais como facilitador e moderador do que propriamente como um estrategista em gestão de talentos."

Em meio a demissões e disputas, Cícero viu-se no olho do furacão. "Quando se falava dos problemas que ocorriam na área de talentos humanos das empresas, as pessoas me olhavam de maneira incisiva. Eu me sentia um réu. É como se um punhado de gente estivesse me acusando de um crime. Daí, comecei a incorporar todos os problemas que envolvessem remuneração, sindicatos, má-formação etc. Era como se tudo fosse culpa minha; afinal, eu era o responsável pelo departamento antes mesmo de o Mario chegar e 'não fiz nada'. Adoeci. Mas, quando me recuperei, vim com tudo.

Se não tivesse passado por aqui o sr. Mario Grossi, certamente eu seria hoje outra pessoa. Foi um choque inclusive para o nosso presidente, que sofreu bastante. Se eu estivesse na pele do dr. Luiz, não teria aguentado a metade do que ele aguentou. Você é dono de um império e alguém chega e diz: 'Você fica quieto no seu lugar que aqui quem manda agora sou eu'. Você começa a ter seus passos vigiados, tudo o que você vai fazer é questionado. O sr. Mario não dava colher de chá, não. Ele tinha uma cartilha de A a Z e seguia-a."

A reestruturação começou com o desligamento de pessoas (algumas diretoras) que indicavam claramente que demorariam muito para mudar a atitude. "Em seguida, houve a fusão de empresas dentro de alguns negócios e, rapidamente, um plano de formação, de treinamento, que nós chamamos de PEF (Programa Estratégico de Formação). Era um plano de treinamento pelo qual nós levávamos as pessoas para a sala de aula. Isso numa época em que o Grupo tomava empréstimo em banco para poder realizar treinamentos em hotéis fora de Uberlândia. Imagine o que os acionistas achavam disso", Cícero relembra, com espanto.

"Muita gente foi parar no divã", brinca. "Os consultórios dos psicólogos ficaram cheios de gente nossa pedindo ajuda para entender o que estava acontecendo. Sobrou até para a sociedade uberlandense. A sociedade local jamais imaginou que alguns dirigentes nossos pudessem ser desligados algum dia. E foram. A influência do Grupo na região é muito forte. A nossa marca é uma espécie de sobrenome: 'Fulano da Algar, Beltrano da Algar, Cicrano da Algar'."

Em 2 meses, Cícero escreveu um livro didático intitulado *Empresa Rede*. O conteúdo do livro foi fruto da afinação entre as ideias de Mario e de Cícero. Em linguagem simples, com charges e quadrinhos, o livro discutiu ideias, pensamentos, estratégias e conceitos de gestão de pessoas, de clientes e de qualidade que estavam sendo empregados na época. "Escrevia aos sábados e domingos, em casa, confiando na memória. O sr. Mario surpreendeu-se quando eu lhe entreguei a obra e pedi um parecer", Cícero conta.

Empresa rede é uma organização do tipo horizontal constituída de vários módulos. Cada módulo é um centro de resultado, funcionando como uma microempresa, com objetivos e responsabilidades bem definidos, com vistas à excelência empresarial. Os talentos são mobilizados em torno de uma causa comum: a perenidade. Evolui-se da estrutura piramidal para uma estrutura em rede, na qual as pessoas, individualmente, evoluem da "cultura do emprego" para uma "cultura de comprometimento".

A produção daquele "manual de gestão de talentos humanos" tinha caráter de urgência, segundo Cícero. "As pessoas assistiam às minhas palestras e sentiam-se à vontade com o que era transmitido, inclusive porque a linguagem era simples e direta. Mas muitas, quando saíam pela porta, esqueciam tudo que eu havia falado. 'Ah, preciso de um instrumento mais simples para me comunicar', pensei. O livro teve uma repercussão que nunca imaginei. Foi até objeto de estudos em faculdades de comunicação Brasil afora. Muitos alunos e professores usaram o *Empresa Rede* como *case* de comunicação eficaz."

Cada associado recebeu um exemplar do livro. "Depois, recomendamos às áreas de talentos humanos que promovessem palestras, debates e discussões sobre o tema central. Assim, fomos disseminando a comunicação e a compreensão de conceitos e criando uma cultura. Aliado a isso, sr. Mario e eu visitávamos as empresas para multiplicar os conhecimentos."

Mario costumava telefonar aos superintendentes para marcar dia e hora de reunião. "E, por favor, nesse dia e hora, reúna todo o pessoal para batermos um papo", repetia. Queria (e conseguia) falar com todos. Perguntava às pessoas (mecânicos, telefonistas, superintendentes e gerentes, entre outros profissionais): "Está tudo bem?". Diante de respostas positivas automáticas, dizia: "Tenho aqui comigo o balancete do mês passado. Nada bom. O que aconteceu?".

"Às vezes, as pessoas ficavam com medo de se manifestar", conta Cícero. "Mas o sr. Mario ia puxando o fio da conversa: 'E você, Fulano? Você trabalha em que? O que houve lá?' A gente projetava 1 hora para o debate, mas a conversa acabava durando mais de 4 horas. As pessoas iam falando, às vezes um acusava o outro e assim descobríamos coisas que a maioria de nós, diretores, não sabia. Terminada a reunião, o superintendente ia apanhar os cacos. Alguns se enquadraram no novo sistema, outros simplesmente não suportaram."

Mario enfatizava que a segurança individual é determinada pelos clientes, não pelo emprego em si. "A empresa tem de se assentar sobre três grandes pilares, que são (1) a motivação do pessoal e, com ela, (2) a produtividade e (3) a motivação dos clientes. São os clientes que fornecem o mercado e o fluxo de caixa." Mário considerava "muito bom" o seu relacionamento com os acionistas e a família Garcia (os donos).

"Com o Luiz, houve o problema do operacional. Para ele, que nasceu no meio, foi muito duro sair do dia a dia. Por isso, tivemos brigas, porque ele, de vez em quando, queria interferir no operacional. Mas sempre discutimos por questões específicas, problemas que ele achava que deveriam ser resolvidos de uma maneira e eu achava que deveria ser de outra. Nada a ver com estima, com reciprocidade ou com amizade. Fundamentalmente, era o seguinte: ele querendo deslanchar e eu dizendo que a melhor maneira de deslanchar era tendo uma retaguarda sólida."

Cícero lembra que Mario e Luiz tiveram muitas brigas: "Um dia, a coisa ficou mesmo feia. Coloquei os dois num avião e levei-os a São Paulo para que o consultor Oscar Motomura os aconselhasse e tentasse apaziguar a situação. Foi uma das viagens mais esquisitas que fiz. Os dois calados e eu, no meio, tentando achar assunto. Incrível: dois seres humanos fantásticos, inteligentes e capazes sofrendo pela mesma causa (o Grupo Algar), mas com dificuldade de harmonizar seus novos papéis".

Noêmia Rufino, secretária na *holding* há décadas, lembra que a sala do dr. Luiz e a dela ficavam entre a de Mario e a de reuniões: "O sr. Mario sempre passava todas as informações para o dr. Luiz, que perguntava: 'Como é que estão as coisas?' E a gente dava esse *feedback* para ele. Depois de um tempo, dr. Luiz vinha apenas esporadicamente. Não ficava muito tempo, passava no máximo 2 meses, mas vinha, e, nas reuniões, mostrávamos tudo para ele, pessoalmente, além do que enviávamos também pelo correio".

Hoje, além de dar assistência ao presidente, Noêmia lida com a família Garcia como um todo. "Conheço os meninos desde pequenos e hoje eles já estão com filhos grandes. Faço parte desse cotidiano. Qualquer suporte que precisam, dou um jeito com o maior prazer. Fora isso, naquele período, eu também auxiliava o sr. Mario. No início, servi a ele e ao dr. Luiz ao mesmo tempo."

"Mario entrava na *holding* às 7 horas da manhã e saía mais ou menos às 10 h da noite, diariamente, de domingo a domingo", lembra Noêmia, que acabava tendo de trabalhar em média 15 horas por dia em função do estilo *workaholic* do romano. "Um dia, o dr. Luiz falou pro sr. Mario: 'Não vai demorar muito e você e eu vamos ficar sem secretária, porque a Noêmia não vai aguentar'. Hoje auxilio apenas o dr. Luiz, mas ele é uma pessoa solta e independente. Ele mesmo entra no e-mail dele e responde."

DA INTERVENÇÃO AO RELAXAMENTO

Enquanto Mario cortava e transformava, Luiz Garcia acalmava os ânimos e reconciliava os familiares, fazendo-os entender a diferença entre dono, acionista e gestor. Completado o ciclo de *downsizing*, o relatório anual de 1996 (publicado em 1997) apontou um crescimento médio da ordem de 22% ao ano, em dólares, nos 4 anos anteriores. A essa altura, Mario Grossi, com o contrato prorrogado informalmente, exerce funções mais estratégicas que operacionais. Em termos práticos, então, a Algar agora contava com associados mentalmente renovados.

O problema, então, passou a ser outro. Mario, que assinara contrato para um período de 5 anos, não largava o osso. Dizia a seus confidentes que ainda não estava tudo consolidado. No fundo, temia que o trabalho realizado não continuasse ou desmoronasse. "Seu contrato venceu, Mario. Quando é que você vai sair, afinal?", Luiz Garcia perguntava-lhe. "Você precisa nomear logo o seu sucessor."

Mario, por fim, comprometeu-se com um novo prazo para o processo sucessório. Luiz Garcia mandou redigir a promessa de seu CEO, pediu-lhe que a assinasse e guardou o documento na gaveta de sua mesa. *O fato é que, em vez de 5 anos, ele ficou oito. Porque eu permiti, na verdade. Mas estava passando da hora de darmos outro salto. A missão dele estava cumprida.*

Luiz Garcia já havia sido informado por Mario que dentro do comitê de gestão não havia ninguém à altura para assumir a Algar e, portanto, seu substituto deveria ser Alberto Perazzo, superintendente da ABC Bull Telematic, uma das empresas da *holding*. Mas Perazzo enfrentava dificuldades idênticas. "Não posso assumir a Algar sem antes fazer o meu sucessor", disse Perazzo. "Mas não se preocupe, Luiz. Vou dar um jeito." Na antevéspera do prazo acordado, Luiz entrou em contato com Perazzo, que disse: "Perdoe-me, mas a pessoa que preparei aqui ainda não se sente pronta para me substituir. Melhor eu não sair daqui".

"Mas, Perazzo, como é que você me dá essa notícia assim, desse jeito? Devia ter me falado há mais tempo. Avisou isso ao Mario?" "Sim, já avisei ao Mário." "E o que ele disse?" "Que tudo bem, que ele toca o Grupo mais um tempo." Luiz achou que era hora de acabar com aquela "enrolação". *Estava virando um círculo vicioso. Há muito tempo queria que o Gunnar Vickberg fosse o nosso conselheiro, até como uma forma de ele conhecer bem a nossa holding e tal, mas o Mario sempre vetava.*

Ex-presidente da Ericsson e da Xerox, Gunnar estava disponível na época. "Quero que você colabore com a Algar", Luiz Garcia disse, enfático. E ele topou. A saída do Mario, portanto, não foi traumática. O trauma que houve foi o da pessoa que ele [o Perazzo] indicou não poder vir. Então o Gunnar veio, assumiu em outubro e o Mario foi embora em janeiro de 1997. Na visão de Luiz Garcia, Mario era polivalente, cobria todas as áreas. Ninguém fazia nada sem perguntar: "Eu estou fazendo tal coisa, Mario. O que você acha?".

Mas isso me incomodava muito. Cada um tem de ter a sua personalidade, seu mando e seu comando. Cada um tem de poder dizer "eu fiz isso", "eu sou o responsável por isso". Todo mundo briga para que as pessoas trabalhem mais, né? Pois eu brigava para que o workaholic *do Mario trabalhasse menos. 'Mario, saia do comando um pouco'. 'Mario, tire férias'. 'Mario, permita que as pessoas despontem'. A única diversão dele era trabalhar. O fato é que ele não queria sair, mas a gestão como um todo precisava se descentralizar.*

A cultura interna da Xerox, de onde vinha Gunnar Vickberg, era bem diferente da do Grupo Algar. Na Algar, principalmente na gestão de Mario, o CEO era o ponto de convergência de todos os olhares. Quando acionado pelos executivos, Gunnar agia de maneira totalmente oposta à de Mario: "Resolva você mesmo da melhor forma possível". O sueco não centralizava: "Você é financeiro, rapaz, então corre atrás do dinheiro, encontre o dinheiro. Decida-se".

Isso foi saudável para o Grupo, mas, sem dúvida, as pessoas ficaram um pouco baratinadas. Nessa época, o meu papel não era o de linha de frente, mas sim de bastidor. Se tudo está bem, ótimo. *"Os acertos são da equipe, os erros são meus", eu costumava dizer. Não gosto de errar, mas chamo para mim os erros que porventura minha equipe cometer. Os acertos são deles, não são? Você errou agora, então vamos corrigir. Errou demais, repetidamente, aí é outra coisa: não tem perdão.*

Ao deixar a Algar, Mario não ficou no Brasil. Voltou em seguida para a Europa. *"Não teria sido bom eu ficar. Estou no Conselho de Administração. Procuro ajudar com toda a minha paixão, com todo o meu amor pela empresa, mas cada um na sua. Ficando aqui – coisa que o Luiz me pediu, mas que eu não achava positivo –, todo mundo ia continuar me ligando. Eu não saberia dizer 'não' e isso poderia pegar mal. Participo de reuniões de industriais e economistas na França e na Itália, resido em Paris e venho ao Brasil com frequência menor do que o desejável."*

A conjuntura econômica e regulatória no momento da entrada de Gunnar Vickberg não era idêntica à que Mario Grossi encontrou quando assumiu o Grupo nos primeiros meses do governo de Fernando Collor de Melo. Em 1997, vários países da América Latina já haviam passado por processos de desregulamentação e liberalização de setores estratégicos da economia, abrindo portas para a privatização de empresas estatais e para a entrada de capital internacional. Um dos principais alvos desse processo foram as telecomunicações.

No Brasil, a privatização do setor de telecomunicações integrava o amplo projeto de reforma do Estado que o governo de Fernando Henrique Cardoso propôs e o Congresso Nacional aprovou em 1995. Com a mudança, tornou-se possível a abertura da exploração dos serviços públicos de telecomunicações ao capital privado, pondo fim a um monopólio estatal que começara com o regime militar em 1972 e que se tornara item constitucional em 1985. No bojo dessa mudança, separaram-se legalmente os serviços de telecomunicações dos de radiodifusão, até então unidos constitucionalmente.

Criou-se, no Brasil – em sentido inverso à tendência mundial –, a artificial separação legal entre telecomunicações e radiodifusão. Após a quebra do monopólio das telecomunicações, seguiu-se a abertura do mercado de telefonia celular e o processo de reestruturação do Sistema Telebrás. Em 1997, foi aprovada e sancionada a Lei Geral das Telecomunicações (LGT), que redefiniu as obrigações dos serviços, estabeleceu um modelo competitivo de mercado e criou a Anatel (Agência Nacional de Telecomunicações).

Revogava-se, assim, embora parcialmente, o Código Brasileiro de Telecomunicações, de 1962. Pelas novas regras, a Anatel ficou com o papel de reguladora operacional, cuja missão é monitorar a qualidade dos serviços e o cumprimento dos contratos com as operadoras. Destacam-se, ainda, as competências do órgão na adoção de medidas para impedir a monopolização do mercado e reprimir as infrações à ordem econômica.

Todavia, uma empresa brasileira não podia ganhar nenhuma concorrência de serviços telefônicos se não estivesse associada a uma estrangeira, e as estrangeiras precisavam ter, em função do tamanho de sua área de cobertura, mais de 2 milhões de linhas. Essa regra continha o preconceito implícito de que empresas brasileiras não eram capazes de trabalhar sozinhas, e o então ministro das comunicações, Sérgio Motta (1940-1998), ouviu poucas e boas. Os capitais de fora estavam à disposição, mas as nacionais simplesmente não podiam acessá-los por si mesmas.

Mario Grossi foi um que se revoltou com essa medida na época. "Entregar as telecomunicações nas mãos somente de empresas estrangeiras (exceto a Algar) foi um absurdo. Sugerimos ao ministro Motta, na época, uma agência reguladora que fosse formada por usuários, governos e empresários. Mas como discutir com o Motta, um trator? Em relação ao passado, é suficiente ver a explosão que houve no setor. Agora, você quer um telefone, você obtém rapidamente. Você tem um celular e mesmo um fixo em no máximo uma semana. Antes, eram anos."

Costumávamos dizer que éramos aves raras e em extinção, porque essa espécie chamada "empresário das telecomunicações" já estava praticamente extinta no Brasil. Ainda carecemos de empresários nesse setor. Nós, da Algar Telecom, somos uma andorinha só, e uma andorinha não faz verão. Talvez sejamos os únicos hoje, no Brasil, com história para contar. A história do passado somos só nós, sim. Quem vai querer contar a história de quem, infelizmente, desapareceu?

Mesmo num cenário agora completamente diferente do período militar, Luiz Garcia ainda teria de lutar, contra tudo e contra todos, pela permanência da CTBC Celular no Grupo.

Defensiva estratégica

Luiz conheceu Gunnar na Suécia, em 1961, quando estagiou na Ericsson. *Ele veio a ser o superintendente da Ericsson no Brasil. Aliás, foi um dos poucos superintendentes da Ericsson a visitar Uberlândia. Depois, como presidente da Xerox, ele vol-*

tou à cidade. Sempre tive entrosamento com o Gunnar. Já havia conversado com ele anteriormente e disse que talvez precisasse de seus préstimos e ele se colocou à disposição.

Luiz quis levar Gunnar à reunião anual do Prodex no Rio Quente Resorts, em Goiás, mas Mario não gostou da ideia. Alegou que aquele era seu último Prodex e não ficava bem. Coube ao Cícero ponderar com Luiz, que respeitou a posição. *Isso fez muita falta à gestão do Gunnar, porque ali, no Prodex, ele poderia ter começado a se entrosar com os diretores da Algar.*

"Gunnar fazia quase tudo o que o Luiz pedia a ele, independentemente das consequências", observa José Mauro Leal Costa. "Acho que isso foi uma das características que aprendi depois: quando aquilo que o Luiz pretende coincide com o que você acha melhor para o grupo, é um paraíso. Quando você acha que o que o Luiz quer não é o melhor para o grupo – o que acontece com frequência –, é um inferno. Enfrentei esse 'inferno' em alguns casos. O Gunnar, não."

O próprio Luiz Garcia, não propositadamente, incentivou José Mauro – "e achei uma boa" – a passar 2 meses no International Institute for Management Development (IMD), em Lausanne, na Suíça, onde adquiriu "uma visão europeia de gestão". "Enquanto eu estava na Europa", conta José Mauro, "o Grupo tomou uma decisão que se revelou catastrófica: comprar ações da Tess, operadora de Telecom".

Por que catastrófica? "Primeiro, porque o negócio mostrou-se ruim (até aí, não se sabia, admito). Mas, para poder comprar essa participação, foi preciso que a Williams [Williams International Telecom], uma das sócias, fizesse um investimento de capital de 100 milhões de dólares em 1 semana. Uma fortuna. E ela fez o aporte, mas, em contrapartida, exigiu um *put* de saída, que foi negociado pelo Gunnar com o diretor financeiro da época. Nós ganhamos a concorrência da banda B de celulares no Rio com a ATL [Algar Telecom Leste], mas o negócio com a Tess foi péssimo. Atingimos uma dívida de 1,5 bilhão de reais, quando a receita era de meio bilhão por ano."

A intenção original era ficar com 51% das ações ordinárias e 35% do capital total da ATL (os outros sócios eram a Williams e a SKTI), mas a Algar viu-se obrigada a deter 73% do total. Comprou sua parte por 120 milhões de reais. Depois, a pedido do governo, assumiu um terço do capital total da Tess, que estava às voltas com um conflito entre seus acionistas – o grupo sueco Telia, a brasileira Eriline e o empresário paranaense Cecílio Rêgo Almeida. A ATL teve de pagar 1,5 bilhão de reais pela concessão no Rio, 40% no ato. Para honrar essa primeira cota, a Algar fez um empréstimo-ponte de 250 milhões de dólares.

Como se não bastasse, era preciso investir no funcionamento das operações do Rio e de São Paulo, além do requerido pelas outras empresas do grupo, o que demandava pelo menos mais 350 milhões de dólares. Daí as desconfianças, na época, em relação à capacidade da Algar de continuar atuando em tantas frentes ao mesmo tempo. Em meados de 1999, o Grupo já havia vendido, por 265 milhões de dólares, parte de sua participação na ATL, mas ainda assim, mantinha-se majoritária.

A Algar também se desfizera de suas ações na Algar Bull, associação com a Bull francesa, por cerca de 30 milhões de dólares. Essas providências aliviaram um pouco a situação financeira do grupo. O desafio agora era adequar os planos à capacidade de pagamento. Em 1998, o prejuízo chegou a 19 milhões de dólares. A expectativa era de que até 2001 a ATL não exigisse mais desembolsos. As vendas iam relativamente bem: em 6 meses de operação, a ATL comercializara 500 mil linhas de celulares e esperava atingir 850 mil linhas até o final de 1999.

A demanda nas regiões atendidas pela ATL estava longe da saturação. Os Estados do Rio de Janeiro e do Espírito Santo somavam, na época, cerca de 18 milhões de habitantes, mas nem 10% deles dispunham de celular. Os executivos do grupo acreditaram que até 2002 esse percentual dobrasse. Quanto à Tess, embora o grupo acreditasse que ela superaria a ATL em 5 anos, era motivo de preocupação na Algar, em curto prazo. A disputa entre os consórcios interessados na telefonia celular no interior de São Paulo havia sido férrea.

A concorrência foi decidida na terceira casa depois da vírgula. O ministro Sérgio Motta dependia da solução daquela pendência no interior de São Paulo para então poder abrir os demais envelopes. A Ericsson também tinha interesse na região, até porque já havia perdido a capital paulista e a Bahia e estava sem uma boa posição no Brasil como fabricante. As peças pareciam perfeitamente encaminhadas: Gunnar é sueco, havia sido presidente da Ericsson do Brasil e a Algar era cliente da Ericsson há décadas.

O consórcio Tess era formado pela Telia (estatal sueca de telecomunicações), pela Eriline (pequena empresa brasileira de telefonia) e pelo empreiteiro paranaense Cecílio do Rêgo Almeida. Sérgio Motta, definitivamente, não queria a participação de Cecílio no consórcio. Luiz Garcia enfatiza que nunca negociou com Cecílio, que não o conheceu nem jamais teve a oportunidade de estar com ele. A Algar aportou 49% do capital da Tess.

Aí foi aberto o envelope no Rio de Janeiro e nós tínhamos ganhado a concorrência com a ATL. Em Brasília, nosso pessoal disse ao ministro: "Olha, estamos esperando o estudo do BNDES sobre a nossa proposta do financiamento de longo prazo para podermos fechar o assunto. Vocês têm condições de captar no mercado esse sinal?", Motta perguntou. "Claro que temos." "Então paguem agora. Resolvo o negócio lá do BNDES para vocês." Esse era o Motta. [risos]

Mas o BNDES não concederia o empréstimo devido às condições da parceria com a norte-americana Williams, cujas ações eram opcionais. E num momento em que um dólar valia 3,99 reais, a Williams exerceu o direito de venda de suas ações. O novo CEO da Algar, José Mauro Leal Costa (que sucedeu Gunnar Vickberg, demitido juntamente com o francês Jean Jacques Sionnière, diretor financeiro que Mario Grossi indicara), achou que a única maneira de gerar dinheiro para cobrir a dívida era vender a CTBC Celular. Ele mesmo conta:

"O Grupo estava num entrave financeiro brutal quando assumi, em julho de 1999. A dívida era intratável e o clima ficou pesado. Meus primeiros meses como CEO não passavam disso: rolar, rolar uma dívida sem fim. Quando você está numa situação dessas, os bancos te sugam, botam um tubo na sua veia e sugam o necessário para que você continue pagando, enquanto eles vão aumentam os juros mais e mais.

A maior turbulência que atravessei na época ocorreu no dia em que simplesmente não tínhamos caixa para pagar a rolagem a todos bancos que nós devíamos. Então tive de escolher um. As decisões de um CEO, o certo e o errado, iam ficando pelo caminho. O que chegava para o CEO eram duas notícias, ambas ruins. Você tinha de escolher uma. Eu quero a fácil! É assim: não pagar banco X ou banco Y. Qual dos dois? Aí você decidia e arcava com as consequências. Escolhi, na época, não pagar o IFC.

"Liguei para o cara na mesma hora: 'Não posso pagar esse mês. Estou indo aí apresentar um plano a vocês'. O Mario Grossi, membro do Conselho de Administração, caiu de pau: 'Zé Mauro, justamente esse banco! Um banco internacional! Vai acabar para sempre o nosso crédito no exterior!'. Rebati: 'Mario, se eu optar por não pagar um dos bancos brasileiros, será um efeito dominó. No dia seguinte, ou no mesmo dia, entramos em *default*'. Independentemente do certo ou do errado, você tinha de decidir e arcar."

"Aí entra aquela questão tecnológica fantástica que o Luiz adora", pontua José Mauro. "Era um negócio que, para mim, fazia sentido, depois de muita análise. A análise girava em torno de 'qual pode, qual não pode, qual valor resolveria aquele problema financeiro nosso'. Apresentei tudo isso no Conselho. Quase tomei porrada física quando sugeri a venda da CTBC Celular. A reação contrária foi brutal. Luiz não queria de jeito nenhum."

O Conselho em peso votou a favor dessa venda, principalmente o Mario Grossi. "Aí eu me vi de novo na situação que havia vivido muitas vezes quando o Luiz e o Mario disputavam ideias e propostas: 'Você quer ir a favor do Luiz ou a favor do melhor para a Algar?'. E os bancos dando em cima, ligando diariamente: 'Vamos aumentar os juros, hein?'. Um inferno. Então, não se tratava de vender a Celular porque não gosto ou não acredito, mas sim para resolver um problema", analisa José Mauro.

Luiz Garcia conta que recebeu um telefonema de José Mauro, de Goiânia: "Luiz, estou indo para o Rio avisar ao BNDES que vou fechar a venda da CTBC Celular". "José Mauro, para vender essa empresa você precisa da minha assinatura. E não vou vender essa empresa de jeito nenhum. Saiba, então, que tudo isso vai virar uma caca desgraçada, porque eu vou ter de ir lá no BNDES e falar que eu não vou vender. E não vou mesmo", Luiz reafirmou.

José Mauro ficou desconcertado. A peleja com o processo todo já completava quase 1 ano. Um ano pagando juros altíssimos, pontualmente. "Se aguentamos pagar por um ano, podemos aguentar mais 2, mais 3, até resolver esse problema", disse Luiz Garcia. E José Mauro: "Bem, Luiz, você é o dono, a última vontade é sua, claro". *Aí o Marcos Bicalho agiu de maneira brilhante. Ele falou: "Gente, nós estamos com uma empresa aqui que não deve nada, que está zerinha, zerinha...", que era a CTBC Celular.*

As negociações do CEO com o Opportunity, interessado na CTBC Celular, foram levadas ao Conselho. O Opportunity, muito oportunisticamente, percebeu a necessidade de caixa da Algar e fez campanha pública em momentos-chaves com o intuito de diminuir o valor da empresa. José Mauro sustentou, inclusive perante os bancos, a ideia da venda, mas, num determinado momento, a diminuição do valor atingiu um nível tão baixo que a venda não cobriria a dívida.

Em São Paulo, José Mauro deu a má notícia aos representantes do Bradesco, Santander, ABN-Amro e Itaú, entre outros: "Não vamos mais vender a CTBC Celular. Encontraremos outra solução para lhes propor". "Pouco a pouco, um a um, fomos negociando. E saímos da crise." Vários meses de estresse absoluto até que, por fim, a Algar não se desfez da CTBC Celular. Afinal, Luiz Garcia, totalmente contrário à venda, estava certo? "Acabou acontecendo o que o ele queria", acredita José Mauro. "Mas foi uma contingência."

Luiz Schymura, diretor do Instituto Brasileiro de Economia da Fundação Getúlio Vargas (FGV), conheceu Luiz Garcia pessoalmente 2 anos depois daquele período de estresse com o Opportunity e os credores. "Lembro-me dele como membro do conselho consultivo da Anatel. Ponderado, sabia convergir interesses diversos. Era politicamente muito hábil. Deixava o interlocutor à vontade e então se colocava; permitia que as coisas seguissem seu curso e intervinha assim que possível. As ações dele dentro do setor me impressionavam bastante."

Para Schymura, a posição de Luiz Garcia de manter a CTBC Celular foi importante para o setor de telecomunicações, do ponto de vista empresarial. "Persistente, buscou de todas as formas o apoio da Anatel. Na época, não era possível a gente fornecer apoio (ele estava em busca de criar boas condições para a obtenção de empréstimos). A Anatel não podia desempenhar esse papel. Chamou-me a atenção, porém, a maneira respeitosa e ética com que ele se envolveu no sentido de segurar a sua companhia."

A Telecom dos Garcia nasceu, cresceu e consolidou-se em um contexto adverso. Manter-se viva dentro do setor, apesar de grandes mudanças institucionais e de mercado ocorridas nos últimos 50 anos, torna-a um caso único no Brasil e, talvez, no mundo, acredita Schymura: "Atravessou ditaduras, regulações e o diabo a quatro. E ele ali, firme e forte, primeiro com o pai, depois sozinho, segurando o negócio. Uma pessoa com essa vivência é rara no Brasil. Manter a CTBC Celular pode não ter sido uma vitória diretamente dele, mas foi importante para o setor".

O veterano jornalista Ethevaldo Siqueira, autor de vários livros sobre Telecoms, é categórico em relação à dimensão de Luiz Garcia no cenário nacional: "Ele é o exemplo mais completo de empreendedor das telecomunicações brasileiras. Sua maior contribuição foi comprovar no Brasil central e em diversas outras regiões que a iniciativa privada pode, mesmo diante de todos os desafios, prestar serviços de qualidade à população e contribuir decisivamente para o desenvolvimento do país".

Em 2006, o CEO José Mauro passou o cargo para Luiz Alexandre, filho de Luiz Garcia. Nessa época, a Algar faturava 2,2 bilhões anuais, contra 1,1 bilhão em 1999, quando José Mauro substituíra Gunnar. "Dobramos a receita. A despesa financeira (não a dívida) era de 480 milhões de reais por ano. Entreguei o grupo com 120 milhões de despesa financeira anual, mas, para isso, tivemos de vender a ATL e a Tess", lamenta. Em 2011, a CTBC Celular ultrapassou a marca dos 300 mil telefones móveis.

Pensar, vislumbrando

SVB: O que o sr. ainda
espera da vida?
LAG: Que ela continue sendo
complacente comigo!

Mestre do longo prazo, Luiz Garcia vislumbra o futuro em décadas, não em anos. Sua dedicação à perenidade parece resultar de uma captação do tempo mais sensitiva que racional. Na passagem do segundo para o terceiro milênio, flagrou-se na condição de "ingênuo". *Graças a Deus não aconteceu nada.* [risos] *Pensei: "Pô, o mundo existe há tantos milhões de anos! O que significam 2 mil?".* Em sua visão, as empresas Algar, hoje, "andam com as próprias pernas". A CTBC, por exemplo, que completa 57 anos em 2011, já passou por uma renovação de 100%. *Não temos conosco mais nenhum talento da época de fundação da companhia. Fantástico, não?*

As decisões estratégicas são tomadas pelo Conselho de Administração que ele preside. Desde 2000, a função desse Conselho é estabelecer o direcionamento estratégico, além de controlar e fiscalizar o desempenho, proteger e valorizar o patrimônio, orientar e avaliar a gestão executiva e preservar os valores da organização. Também compete ao Conselho analisar e aprovar o orçamento anual e os planos propostos pela diretoria executiva.

De acordo com a Lei das Sociedades por Ações, de 1976, esse tipo de conselho é compulsório, não exigindo uma regulação interna especial. Compõem o Conselho cinco membros internos – incluindo o CEO Luiz Alexandre, que não vota – e seis membros independentes, entre os quais estão, ou já estiveram, Maílson da Nóbrega, economista e ex-ministro da Fazenda; Luiza Trajano, do Magazine Luiza; Décio Silva, da Weg; Walter Fontana, da Sadia; Helio Graciosa, do CPqD; e o próprio Mário Grossi, CEO entre 1990 e 1997.

Do ponto de vista familiar, trabalha-se com o conceito de "governança invisível", a fim de manter uma relação saudável entre acionistas e executivos. Há três *holdings* familiares para esse fim: Walgar, Elgar e Lagar [as iniciais referem-se aos filhos de Alexandrino Garcia, Walter, Eleusa e Luiz Alberto], que acompanham os processos decisórios da empresa por meio do Conselho de Família e de um Conselho Fiscal. *Não sei o que é mais importante, se olhar a floresta ou olhar a árvore. Mas é preciso alguém tanto para cuidar da árvore quanto da floresta. Hoje, estou na posição de cuidar da floresta e monitorar os que cuidam das árvores.*

Em paralelo à construção diária de uma temporalidade elástica para o Grupo, Luiz Garcia "tomou gosto" pelas causas coletivas também. Criando ou presidindo entidades de classe, especialmente do setor de telecomunicações, militou intensivamente. Além de presidente da Associação Comercial e Industrial de Uberlândia (Aciub) e da Associação Brasileira do Agronegócio (Abag), fundou e dirigiu a Telebrasil, o Sinditelebrasil e a Febratel. Hoje, é membro dos conselhos da Federação das Indústrias de Minas Gerais (Fiemg) e do CPqD. Sua trajetória nessas e em outras entidades indica sua preocupação com as políticas dos setores em que a Algar atua.

Fui presidente da Acel [Associação Nacional das Operadoras de Celulares], por exemplo, que construímos do zero. Os problemas que não podiam ser resolvidos no dia a dia das operadoras eram encaminhados para a Acel. Não faltava gente para solucionar as questões. Faltava era gente para encaminhar as questões para as pessoas certas. Então aprendi muito. A mesma coisa na Abag. Assumi todas essas entidades para ajudar seus respectivos setores a se desenvolverem.

Ninguém imaginava que criaríamos um sindicato. Pois agora já estamos até com a federação montada, né? E a confederação é uma questão de tempo. O setor de telecoms é cheio de associações: Acel, Abrafix, Sindimest, Telcomp etc. O Sinditelebrasil agrega telefonia fixa, celular e longa distância e a Febratel tem tudo isso, mais as empresas de televisão, rádio e prestadores de serviços.

Quando se entra de peito aberto num projeto, você dá mais do que recebe e não se importa com os obstáculos. As entidades de classe me ensinaram muito de administração. Uma coisa é a relação dono-subalterno; outra é donos se relacionando com donos. Estando entre iguais, você não tem como determinar. Tem de convencer com ideias, sugestões e argumentos fortes.

Descendo as dunas

João Carlos Fonseca, da Telebrasil, conheceu Luiz Garcia nos tempos do governo do general Emílio Garrastazu Médici (1969-1974). O ministro das Comunicações, na época, era o coronel Hygino Corsetti, cuja missão era montar um sistema único de telecomunicações no país: o Sistema Telebrás (estatal). Por razões históricas, havia ainda dezenas de operadores independentes de telefonia espalhados pelos Estados da federação, companhias que o Governo Federal precisaria adquirir para realizar seu plano.

"Para simplificar um pouco as coisas", lembra Fonseca, "foi criada a figura da 'empresa-polo representativa do Estado', uma para cada Estado. A tal da empresa-polo era o ímã que atrairia e absorveria as independentes. A ideia subjacente era de que, uma vez absorvidas as independentes, o conjunto das empresas-polo comporia um sistema único, tendo a Telebrás como *holding*. Prática e teoria se revelaram diferentes, porém".

Em Minas Gerais, mais precisamente no Triângulo Mineiro, a configuração era outra. A CTBC crescia e prestava bons serviços à população e, portanto, não desejava aderir ao sistema de empresas-polo, apesar da pressão da Telebrás, então comandada pelo general Alencastro. Naquela época, Fonseca já era jornalista e editava a *Revista da Telebrasil*, publicação bimestral da Associação Brasileira de Telecomunicações, entidade fundada em 1974.

"Não me recordo de detalhes, mas havia uma desinteligência operacional qualquer entre a empresa do Triângulo e a Telebrás, cada qual achando que tinha razão. Escrevi, então, uma matéria, mais uma, procurando refletir sobre ambas as posições. Passado um tempo, compareci a um evento no Hotel Intercontinental, no Rio. Durante um dos intervalos, fui surpreendido por uma pessoa que se dirigiu a mim dizendo ter lido a tal matéria; elogiou que eu tivesse sido absolutamente fiel a ambas as partes e me disse, com sua maneira direta de se expressar: 'Gostei da maneira com a qual você se conduziu'. Era o Luiz Garcia. Naquele dia, durante o almoço, ele me apresentou ao pai dele, já velhinho. A conversa girou em torno do preço do boi gordo e de como o agronegócio seria importante para o Brasil", Fonseca recorda-se.

A serviço da Telebrasil, o jornalista especializado produziu várias reportagens sobre o setor de telecomunicações. Uma delas foi sobre a fábrica da Teletra, em Jacarepaguá, Rio de Janeiro, controlada pelo então chamado Grupo ABC. "Em 1987, eles já haviam estendido suas atividades por meio de parcerias nacionais e internacionais, atuando também na área industrial e de tecnologia (computadores, fibras óticas e equipamentos, por exemplo). Foi quando ouvi uma frase interessante do Luiz Garcia: 'Uma indústria é formada de máquinas e humanos. As máquinas a gente compra, mas os humanos temos de formar'. Dito hoje, parece comum, mas não nos anos 1980."

Lembra-se, também, do dia em que Alexandrino e seu filho receberam autoridades e jornalistas para a inauguração de uma nova central telefônica da CTBC. Houve discursos e descrições de equipamentos. "O engenheiro Luiz fazia questão de perguntar e comentar cada detalhe técnico junto aos fornecedores. Visivelmente, a família Garcia estava orgulhosa da implantação de equipamentos de ponta, uma característica, aliás, marcante ao longo de toda a história da empresa."

Em seus primórdios, a Telebrasil reunia operadoras de serviços de telecomunicações e fornecedores. Uma das características da entidade era a realização bianual de um evento de 2 a 3 dias que congregava os associados e suas famílias. O evento chamava-se Painel Telebrasil e rodava as capitais brasileiras com palestras, debates, discussões técnicas e confraternizações. Um dos primeiros desses ciclos de debates aconteceu em Natal (RN), onde ocorreu um episódio "turístico" ligando o então vice-presidente da CTBC e o jornalista.

"Um arrojado grupo de palestrantes decidiu fazer um passeio pelas dunas de Genipabú, ao invés de ficar fazendo qualquer coisa no hotel. No trajeto, atingimos o topo de uma grande duna, vendo a lagoa bem lá em baixo. Uns garotos locais mostravam como escorregar sobre um saco de pano pela ladeira íngreme da duna até mergulhar na água da lagoa. Os garotos queriam, obviamente, alugar por uns trocadinhos o saco de farinha vazio utilizado na descida. O pessoal, no geral, não deu muita bola para os garotos.

Mas o Luiz Garcia (na época, ele tinha 40 anos e eu, 47) não aguentou mais e disse com seu jeito mineiro: 'Quero descer nesse troço até lá embaixo'. E me cutucou: 'Vamos, Fonseca?'. Todo o grupo ficou esperando a reação. Ele deve ter pensado que eu não ia topar. Pois descemos o tobogã até mergulharmos na lagoa de água escura e tépida. Subimos resfolegantes pela duna íngreme. Fomos recebidos como heróis. Luiz Garcia gosta de testar as pessoas. E, pelo visto, eu passei naquele teste."

Em 1993, numa de suas idas e vindas ao Brasil (estava cursando pós-graduação na Georgetown University, em Washington), Luiz encontrou Fonseca num voo da Varig. O jornalista vinha de um compromisso de trabalho no Canadá e estava na segunda classe; Luiz Garcia estava na primeira. "Avião grande em voo noturno é um lugar meio irreal, a gente se sente desconectado da Terra, mas faz aflorar os verdadeiros pensamentos. Aproveitei a ocasião para gravar uma entrevista com o empresário."

Primeiro, tocaram no assunto agricultura: "Minha maior frustração ao voltar ao Brasil", meditou o empreendedor, "é ver que, apesar de toda a movimentação, não há coisas novas acontecendo. Nossa agricultura, chamada a competir lá fora, tem de fazê-lo em condições de desigualdade. Somos competitivos na fonte de produção, mas perdemos no transporte, que é caríssimo. Temos um potencial agrícola incrível, porém adormecido em berço esplêndido". Fez questão de frisar que, apesar das dificuldades, não sairia do agronegócio.

"O Grupo é essencialmente voltado para as comunicações. É o que sabemos fazer bem. Para resistir todos esses anos, tivemos de manter a alta qualidade de serviços. Estamos, no entanto, numa situação ingrata de espera, em que nos preparamos, no dia a dia, para a chegada da abertura do setor", continuou. Luiz Garcia já se preparava para o fim do monopólio estatal nas telecomunicações (a emenda constitucional foi aprovada 2 anos depois, em 1995).

"Na entrevista, abordamos também os problemas da juventude no Brasil: 'O que mais me preocupa é a falta de perspectivas da juventude. Nos Estados Unidos, compra-se uma casa com juros de 2 a 3% ao ano durante 30 anos. Dá para os jovens terem perspectivas. O Estado brasileiro virou um grande empresário. Todos estamos nas mãos do Estado'; e falou sobre ética com sua peculiar franqueza: 'Os valores estão mudando. Quando se é um dignitário, não basta ser bom. É preciso ser excepcional'. O que ele me disse durante aquele voo, há mais de quinze anos, continua válido."

Ficando vermelho

Em 2003, numa das reuniões da Telebrasil, Luiz Garcia bradou: "Estou cansado de ter de passar o chapéu para equilibrar as contas da associação, mas acho que encontrei um meio de resolver o problema". Segundo Fonseca, a ideia de Garcia era simples. As operadoras recolhiam um grande montante anual de imposto sindical obrigatório que não era aplicado no próprio setor. Além disso, um sindicato tinha, além de deveres, prerrogativas dadas pelo arcabouço legal que regia a atividade sindical desde a era Vargas.

"A proposta de criação de um sindicato foi tomando vulto. Outras cabeças pensantes debruçaram-se sobre a atividade sindical, definindo categorias, sindicatos, federação e confederação. Em termos práticos, a fundação de um sindicato pode ser uma tarefa lenta e burocrática. Sob a batuta de Luiz Garcia, porém, e com a ajuda de especialistas dedicados, o quebra-cabeça da montagem do sindicato patronal das operadoras foi tomando forma, reunião após reunião", diz Fonseca.

Finalmente, em 29 de setembro de 2003, na Avenida Pasteur, no Rio, ocorreu a assembleia de constituição do Sinditelebrasil (Sindicato Nacional das Empresas de Telefonia e de Serviço Móvel Celular e Pessoal). "O salão estava lotado", lembra o jornalista. A ocasião era tão solene quanto tensa, porque a criação da entidade poderia ser embargada se alguém impugnasse algum aspecto do processo. Tal como numa cerimônia matrimonial, o clima era de "fale agora ou cale-se para sempre".

"Ao começar a assembleia com as devidas formalidades – o caráter formal no mundo sindical, regido por Lei, é importante –, um cidadão defensor de interesses pouco transparentes e arvorando-se como autoridade jurídica começou a interferir praticamente sobre cada palavra dita na reunião", recorda-se. "Luiz Garcia, como mediador da assembleia, atendia democraticamente às intervenções, que foram se tornando mais e mais inoportunas. O clima ficou pesado. Estava claro que o tal cidadão queria tumultuar as discussões e impedir que o Sindicato se constituísse.

Fez-se de tudo para que a reunião seguisse seu curso, mas o rosto de Luiz Garcia foi ficando vermelho, muito vermelho. O dique se rompeu em seguida. Tomado de fúria, Luiz se levantou, apontou o dedo em riste para o cidadão e ordenou: 'O senhor se ponha para fora. Já. Imediatamente!'. O cidadão, atônito, pálido, não se mexeu. Luiz avançou direto em direção ao sujeito para fazer valer a sua ordem, mas foi impedido.

"Por fim, num clima quase místico de respeito, a assembleia aprovou por aclamação a criação do SindiTelebrasil, que existe e funciona bem até hoje. Luiz Garcia e o provocador abraçaram-se em meio às palmas. Aquele 'quase incidente' foi didático para todos nós. É papel de um líder sobressair-se decisivamente nos momentos difíceis. Um pavio curto, às vezes, paga um bom dividendo."

Bases agrícolas

Em julho de 2003, sucedendo Cleofas Uchoa, Luiz Garcia assumiu a presidência da Telebrasil, cujo caixa estava praticamente zerado. As reuniões com o novo presidente na sede da entidade – na Avenida Pasteur, via arborizada que desemboca na Praia Vermelha, onde fica o Pão de Açúcar – começavam pontualmente. "Podia estar vestindo um terno elegante e uma gravata de primeira linha, mas podia vir também em manga de camisa ou traje esportivo. Um apetrecho dele, na época, era uma mochilinha cinza-clara, de carregar às costas. A vestimenta podia mudar, mas a mochilinha e o temperamento do homem não. Sua simplicidade é complexa", comenta Fonseca.

Luiz Garcia possuía a clareza de que, para uma empresa ter sucesso, é importante que seu setor de atuação tenha uma regulamentação adequada e associações fortes que a representem e deem indicações claras da importância daquela atividade para a economia e a sociedade. "Empresários como ele, Antônio Ermírio e outros entendem o caráter público de suas missões, defendem a institucionalidade, conhecem o peso do jogo de que participam, mas cultivam a ética", observa Luiz Schymura, professor e diretor do Instituto Brasileiro de Economia da Fundação Getúlio Vargas (FGV).

Em 2005, o general Alencastro assumiu publicamente que uma das pessoas que "contribuiu para que o Brasil falasse foi o Luiz": "E olhe que quem está falando aqui brigou muito com ele. Mas nunca chegamos a um estado de incompatibilidade. Sei que ele é meu amigo e eu o respeito muito. Até porque ele vem exercendo as telecomunicações há mais tempo que eu, distribuindo a inteligência nacional por todo o território. Essa é uma façanha das mais importantes do mundo".

Sua primeira experiência classista, no entanto, foi na Associação Brasileira do Agronegócio (Abag). Assumiu a presidência num momento em que a entidade passava por sérias dificuldades financeiras e estruturais. "Com o Luiz no comando, a Abag cresceu, se desenvolveu, transformou-se numa instituição conhecida", afirma Roberto Rodrigues, Ministro da Agricultura de 2003 a 2006. "Mais que isso: ele foi a grande liderança da área privada no fórum nacional da agricultura, que estabeleceu as bases das políticas agrícolas atuais. Seu papel na consolidação do conceito de agronegócio no país foi preponderante."

Valor é o que fica

Em seus *tours* profissionais pelo mundo, sozinho ou em companhia de executivos de escalões diversos, o líder da Algar deparou-se com as universidades coorporativas (dedicadas ao público interno das empresas ou abertas à coletividade). Até 1997, o Grupo Algar não possuía um centro de formação oficializado. Embora o catálogo de cursos fosse bastante abrangente, a área de formação e treinamento, desde sempre muito ativa, estava dispersa e fragmentada. Assim, o primeiro passo foi planejar a concentração dos cursos no mesmo local. Nesse contexto, nasceu a Universidade Algar (UniAlgar).

O projeto começou a ganhar corpo com um ousado evento criado por Luiz Garcia, em 1996, com o nome de Algar 2100. "Naquele primeiro evento, em São Paulo, discutimos o futuro do Grupo e para onde caminhavam os negócios, fazendo um exercício mesmo de futurologia. Foi quando constatamos, em conjunto, que era fundamental investirmos mais fortemente em educação. Solicitei autorização ao comitê criado para estudar o assunto e fomos desenvolver a ideia", lembra Cícero Penha, diretor de Talentos Humanos da Algar.

"Fui para os Estados Unidos com uma meia dúzia de colegas. Já existia lá mais de 2 mil universidades corporativas, cada uma de um jeito. Interessante que todas nasciam da necessidade de desenvolver talentos, perpetuar valores e preservar a cultura.

Preparei a proposta de implementar aqui em Uberlândia esse conceito, que se baseia no processo de aprendizagem contínua dentro da própria empresa. Significa, em outras palavras, transformar a empresa numa escola."

Todavia, para isso é necessário ter tempo, dinheiro e pessoas disponíveis. A formação contínua também exige a elaboração de critérios claros. Um dos primeiros cursos que Cícero propôs foi o Programa de Cidadania Corporativa (PCC), que discute os princípios e valores da Algar e educa as pessoas dentro da filosofia da Empresa Rede. A maioria dos associados já passou pelos cursos de Cidadania Corporativa e de Qualidade, por exemplo. "Procuramos oferecer a formação certa para a pessoa certa, no tempo certo", Cícero sublinha.

A UniAlgar é *benchmark* no Brasil em educação corporativa e Luiz Garcia está entre seus alunos mais aplicados. Entusiasta da aprendizagem, acredita que, além de estudar o tempo todo, precisa servir de exemplo de conduta aos demais. *Hoje a UniAlgar é interna, mas, assim que possível, será aberta à sociedade. Outro dia, vi uma frase assim: "Faz melhor quem melhor sabe". Investimos na UniAlgar por duas razões primordiais: primeiro, para poder deixar o nosso pessoal up-to-date, e, segundo, para trazer benefícios duradouros para as nossas empresas.*

Perpetuar a Algar é uma convicção profunda do líder, baseada não apenas em formação contínua, total, plena, mas também em ações sociais. Recorda-se com orgulho de quando entregou à ex-primeira dama Ruth Cardoso (1930-2008) um "balanço social". *Ela ficou maravilhada de ver aquilo: "Vocês têm um balanço social? Que fantástico!". Participar da sociedade é importante. Somos corresponsáveis por ela. Atitudes como essa se revertem em reputação e se transformam num valor social que inspira outras pessoas a fazerem o mesmo.* O que se dá com o coração tem um valor diferente de um negócio ou uma troca. O sujeito que faz o bem porque vai ganhar o reino do céu não está fazendo o bem. Na verdade, está trocando. Eu acho que ele tem de fazer o bem pelo bem. A história de uma organização são os fatos e seus bastidores. Conheço muita empresa que tinha história, mas sua história, digamos, "não contável" era "suja". Então, a história tem várias faces, não uma só. Tem história boa e história ruim. Tenho certeza de que, na Algar, a face boa supera em muito a face ruim, supondo que esta exista. [risos]

Na visão do presidente, as empresas estrangeiras que investiram pesado no Brasil nos setores de telecomunicações e agronegócios trouxeram tecnologia e dinheiro, muito dinheiro, mas suas histórias não são conhecidas. *Tecnologia nós também temos. A diferença é que eles têm acesso a dinheiro mais barato no longo prazo. Em contrapartida, também têm acionistas, e acionista quer dividendo. O acionista certamente vai trocar o presidente de uma empresa que começa a perder dinheiro ao conquistar novos mercados.*

A BELEZA DO FUTURO

No século XIX, o mundo dobrou sua capacidade de inovação. De 1900 a 1950, dobrou novamente. A partir de 1950, vem dobrando a cada 10 anos e, nas últimas décadas, o conhecimento ampliou-se a cada 3, 4 anos. A superação da obsolescência tornou-se um desafio praticamente cotidiano. O propósito do Algar 2100 é liberar a mente dos associados para reflexões sobre tendências. Em vez de projeções para 5, 10, 20 anos, Garcia pediu aos seus executivos que imaginassem como seria o mundo "quando não estivermos mais aqui".

A coisa mais interessante daquela primeira reunião nossa em São Paulo, em 1996, foi o susto que tomamos ao aprofundarmos o exame dos conceitos de core business e de core competence. Para possuir um core business, basta que a empresa exista e tenha negócios. O core business é a simples descrição do que a empresa faz. Já a competência refere-se a "como fazemos" (em termos técnicos e morais). Integridade, por exemplo, é um valor.

Setenta anos atrás, nosso business era uma máquina de beneficiar arroz. Depois, viramos revendedores de veículos. Em 1954, entramos no setor de telecomunicações. Os businesses podem mudar, mas a competência, os conhecimentos e os valores evoluem de outra maneira. Numa outra reunião do Algar 2100, construímos uma "tábua de mandamentos", que foi difundida para todos os associados.

Quando apresentei essa tábua de valores lá no IMD [International Institute for Management Development, em Lausanne, Suíça], o impacto foi tremendo. A primeira coisa que me perguntaram foi quem contratamos para escrever aqueles mandamentos. Não contratamos ninguém, ora. Tudo foi feito pela própria equipe designada para isso.

Num dos workshops do Programa Algar 2100, trouxemos também o Alvin Toffler [autor de A terceira onda, entre outros]. Quando falamos com o Alvin da abrangência do projeto Algar 2100, ele ficou deslumbrado. E o melhor: não estávamos sozinhos nisso. Uma empresa de água no Japão já tinha, antes de nós, um plano para 300 anos! Quanto mais gente engajada nisso, melhor.

A *beleza do futuro é que ele não vem de uma vez. Ele vem dia após dia. Então, para construí-lo, é preciso ir fazendo as coisas dia após dia. Dá tempo, às vezes, de você corrigir algum desvio de rota, mas a gente tem de concentrar isso na cabeça, como meta mesmo. Só de pensar em 2100, a gente já se transporta para lá. Nós, individualmente, eu, você, nunca vamos chegar a 2100, mas vivemos o ano de 2100 nesse trabalho. Seja qual for o business, a base de valores continuará. Tudo poderá mudar, mas mudará em cima dessa base imutável que eu defendo.*

Pensar no futuro, na visão de Garcia, é uma maneira de se preparar para a atualidade. Talvez por isso a forte presença de competidores globais nas telecomunicações no Brasil não o assuste tanto. Vaticínios do tipo "vocês serão massacrados" sempre soaram como *déjà-vu*. A CTBC sobreviveu ao Código Brasileiro de Telecomunicações (1962), à criação da Embratel (1965) e da Telebrás (1972) e aos processos de privatização em meados dos anos 1990. A tragédia anunciada nunca aconteceu.

Hoje, estamos com fibra ótica ligando Brasília, São Paulo, Rio e Belo Horizonte. Puxa vida, estamos no coração do Brasil, né? Há uma cobertura nacional como um todo. A Engeset, nossa empresa de engenharia, presta serviço no Brasil inteiro e até na Argentina. A Algar Telecom, como um todo, está muito bem posicionada no mercado. Pensando no longo prazo, então, o importante é o Grupo existir em 2100.

Hoje, os acionistas, de modo geral, são pessoas normais, simples, que não vivem nababescamente. Seu grau de necessidade é relativamente pequeno em comparação aos acionistas de outras organizações, pelo que vejo. Se fosse para sermos somente investidores financeiros, nós já teríamos nos associado a alguma grande empresa ou saído do negócio para ficar só esperando os lucros no fim do mês. Mas não foi isso que aprendemos e não é isso o que queremos. Os sucessores estão preparados para acompanhar o que está acontecendo.

Nosso grande diferencial é que não somos investidores. Somos operadores. Nós temos o prazer de prestar um serviço, não de contar dinheiro. Você precisa de dinheiro para suprir as suas necessidades, mas me dá muito mais prazer levar facilidades (serviços) para sociedades que não tinham ou não têm acesso a certas facilidades. Daqui uns tempos, vou dizer para você como é que foi. [risos]

Ética para sempre

Com a globalização da economia, tecnologias e preços são praticamente indistintos. A maneira de lidar com clientes, porém, permanece singular, e esse processo talvez seja mais sociocultural e local do que se imagina. Por quase 30 anos, o Estado teve o monopólio das telecomunicações (exceto na CTBC). *Mudar a mentalidade de monopólio para muitos concorrentes leva tempo. É um trabalho de formiguinha: fazer, mostrar, dar exemplos, provocar.*

A ética permeia o conceito, muito em voga, de empresa válida. Empresa válida é aquela que, além de agente econômico, atua também como agente do desenvolvimento social. Uma empresa válida preserva o patrimônio interno e externo, construindo uma cadeia de valores dentro dos setores em que opera. "Uma empresa tem mais valor quando ela agrega valor à sociedade", diz Teruo Murakoshi, diretor de planejamento da Algar.

A empresa válida normalmente se orienta por um sistema de governança corporativa, baseado em transparência, equidade, prestação de contas e responsabilidade social. Contudo, essas quatro diretrizes não se sustentam sem um sólido referencial ético, a fim de inibir e/ou coibir práticas ilícitas. Luiz Garcia herdou de Alexandrino um arcabouço gerencial tão intuitivo quanto edificante e não transige no âmbito da ética, segundo os diretores da Algar.

"Governança, na verdade, é o nome que a gente está dando agora para uma filosofia que sempre existiu", observa Teruo Murakoshi. "A diferença é que, agora, os princípios estão mais sistematizados. A Constituição de Família e o Conselho de Família vieram coroar isso. A Constituição é o documento, o Conselho é a entidade que o aplica. É o que define claramente o papel do acionista e o papel da família. Isso tudo foi implantado numa época em que a maioria das empresas no Brasil não tinha uma visão clara do assunto."

Teruo admira a capacidade de convergência de Luiz Garcia. Acredita que, graças ao presidente, a Algar possui hoje uma gestão coesa. "O sr. Alexandrino iniciou tudo, sim, mas a maioria dos associados hoje atuantes sequer viu o sr. Alexandrino pessoalmente. A função do dr. Luiz é a de presidente do Conselho de Administração. Ele não tem cargo executivo. Mesmo assim, sua capacidade de integrar o Grupo é fantástica e ele executa isso no dia a dia, informalmente, às vezes numa simples visita a uma empresa, por exemplo."

Transformar a ética numa prática não é tarefa das mais fáceis. Na verdade, é um trabalho árduo. "Constantemente, precisamos lembrar as pessoas de que as atitudes têm efeitos coletivos", afirma Cícero Penha, vice-presidente de Talentos Humanos da Algar. "A má conduta é causa de 70% das demissões de executivos hoje no Brasil. Não é por desconhecimento ou incompetência técnica. Estou falando de falta de ética mesmo."

Uma pesquisa realizada em 2005 pelo Dow Brasil indicou que 36% das 250 pessoas entrevistadas fechariam contrato com um amigo do gerente, mesmo se esse amigo oferecesse um preço menor por meio de concorrência desleal; 33% não reagiriam se um colega fosse favorecido por uma relação afetiva mais próxima com seu supervisor; e 90% liberariam informação confidencial a um amigo para protegê-lo ou beneficiá-lo.

"Não temos 'caixa dois' aqui. Não fazemos nada às escondidas", orgulha-se Teruo. "Dr. Luiz acredita que o Brasil é o lugar para se investir. Todo o patrimônio dele está *aqui*. Ele não manda dinheiro para o exterior. Costuma dizer uma frase ótima: 'Quero ganhar dinheiro, mas pela transformação, produzindo algo, não especulando'. Isso, para mim, é definidor dos rumos do Grupo: 'Não fazer negócios pelo simples imediatismo'."

José Carlos Teixeira Moreira, da Escola de Marketing Industrial, percebe a monomarca Algar como exemplo de "empresa válida", conceito visto como "exótico" há trinta anos. "Natura, Fleury e Algar, entre outras organizações, são emblemáticas porque geram riquezas sob o aplauso da sociedade, do cliente, dos colaboradores, dos acionistas. Isso tem a ver com a própria personalidade do Luiz, que, não sendo centralizador, permite que os outros cresçam junto com ele."

Mentores permanecem

Luiz Garcia impõe-se mais por seu comportamento que por sua retórica. "Aprendi muito com ele apenas pelo convívio", observa Cícero Penha. "Ele não é de ficar dando lição de moral. Prefere ser uma espécie de espelho. Ensinou-me, por exemplo, que riqueza, certificados e idiomas são importantes, mas nada justifica a arrogância e a vaidade. Quando entrei para o Grupo, em 1977, uma das primeiras coisas que ouvi foi que ele visitava as fazendas e almoçava com os tratoristas no meio do campo. Comendo da mesma comida."

O presidente da Algar pode desfrutar com idêntico desembaraço tanto um prato-feito no bar da esquina quanto uma experiência gastronômica no Fasano. Mais que um traço de personalidade, sua despretensão é um dogma. "Em eventos com nossos executivos ou mesmo fora da empresa, a gente, às vezes, tem de tentar segurar ele um pouco, senão ele abre todo o jogo antes da hora", brinca Celso Machado, diretor de Cultura Corporativa.

Em uma empresa, o poder impressiona. "Num primeiro momento, todo mundo diz que não quer poder. Daí conquista um degrau na hierarquia, por menor que seja, e não admite mais perdê-lo. Mas o poder, da mesma maneira que vem, vai. Esse foi um problema que tivemos de lidar aqui no Grupo durante a implantação do conceito de Empresa Rede", Cícero lembra. "Não foi fácil desenvolver nos nossos executivos a ideia de poder baseado em responsabilidade e não em hierarquia, simplesmente."

Cícero escreveu um livro-manual intitulado *Empresa Rede* (1993), onde se lê:

Qualquer organização, por mais moderna que seja, sempre terá uma hierarquia. A hierarquia precisa existir e ser respeitada como elemento essencial ao ordenamento da empresa. Mas a hierarquia não deve mais ser vista e considerada como poder, e sim como diferentes níveis de responsabilidade. O superior hierárquico é aquele que tem uma responsabilidade maior que a do outro, seja na carreira técnica, seja na carreira gerencial.

O próprio presidente considera "chefe" uma entidade totalmente ultrapassada. Na Empresa Rede, há coordenadores que solicitam, não "chefes que mandam". "Quem determina é chefe. Quem coordena é coordenador", sintetiza Cícero. "O coordenador é o facilitador, o animador, aquele que 'puxa' os outros ao redor. Dr. Luiz, por exemplo, exerce essa capacidade de maneira muito clara, a meu ver."

Na sala de aula ou em uma reunião de Conselho, o guardião dos princípios e valores nucleares da Algar ainda se expõe. "Ele possui uma vocação natural para aplicar o conhecimento que absorve e sempre tem algo a dizer quando se vê num debate conceitual. A cabeça estratégica dele está o tempo todo em operação. Esse modo de ser dele é bem inspirador", observa Oscar Motomura, consultor e fundador do Grupo Amana-Key, centro de excelência em gestão.

"A essência do Luiz é quase um credo", brinca o consultor. "Esforça-se para manter acesa a chama do empreendedorismo, que implica decisões de risco e ousadia. Talvez porque tenha receio de que, em sua ausência, as pessoas possam não dar ao empreendedorismo o mesmo valor que ele dava." Sendo o número um da Algar, preocupa-se com a formação de múltiplas competências. Cícero Penha lembra que, com o aval do presidente, a Algar elevou a área de talentos humanos ao mesmo nível de outras áreas estratégicas.

"Significa que a nossa visão ultrapassa a ideia de 'recursos humanos'. Pessoas são o ponto fundamental do início, meio e fim de qualquer negócio. Por que talentos e não 'recursos humanos'? Porque matérias-primas, máquinas, dinheiro etc. são recursos, mas o ser humano não pode ser tratado como um prego ou uma cadeira. Um talento é, na verdade, uma inteligência."

Em seguida ao talento (que pode e deve ser desenvolvido), vêm os valores e princípios. "O que temos feito é aprofundar a noção de coerência, o que é complicado. Ninguém, nenhum diretor da área de gestão de pessoas, consegue transmitir a todas as hierarquias diretrizes que não sejam seguidas pelo próprio dono, presidente ou CEO. Educar é um trabalho contagiante. À medida que os exemplos afloram, as pessoas se engajam e passam a cobrar e agir como guardiões."

"A identidade memorial é um elemento-chave para a permanência", afirma Ricardo Guimarães, da Thymus Branding. "Você parece o mesmo de 30 anos atrás, mas é totalmente diferente", exemplifica. "Se não tem clareza da sua essência, você perde a memória. O que fazemos na Thymus é despertar a identidade das organizações para que ela possa interagir com o ambiente, se adaptar e ser perene."

A regionalidade, embora, de maneira geral, não explique muito, fornece indícios culturais (panos de fundo) instigantes. O que se pode inferir do fato de Luiz Garcia ser mineiro, ou melhor, "mineiro do Triângulo"? Ricardo acredita que o mineiro vive protegido por montanhas, sem fronteiras marítimas ou internacionais. "Minas é um hífen entre o norte e o sul. Os mineiros sempre viveram cercados de Brasil, por isso não têm aquela preocupação ancestral com 'o inimigo que vem dali'."

Há o risco de essa tranquilidade resultar em comodismo e autorreferência. Durante o resgate memorialístico, os associados da Algar chamaram a atenção de Ricardo e da equipe para o "uberlandiacentrismo", modelo mental muito focado no regional, mais especificamente na cidade de Uberlândia. Alguns entrevistados relataram, por exemplo, que "nossa atitude sempre foi de defesa em relação à entrada de concorrentes aqui" e que "precisamos conhecer melhor o Brasil como um todo".

Habitantes de Rio e de São Paulo ainda consideram "insólito" um grupo que fatura R$ 3 bilhões por ano manter sua sede fora desse eixo. "Nascemos em Uberlândia e pudemos continuar aqui porque a cidade tem diferenciais", analisa Luiz Alexandre. "Em primeiro lugar, a região é formadora de competências; tem mais de 15 universidades com mais de 40 mil alunos e não há dificuldades de conseguirmos talentos.

"Em segundo lugar, a qualidade de vida aqui é superior à das principais capitais, o que funciona como fator de atração de executivos dispostos a uma nova vida. Por fim, a localização geográfica nos favorece, porque temos ponte aérea para Brasília, Belo Horizonte e São Paulo, onde cultivamos a maioria dos nossos relacionamentos. Em 1 hora de voo, estamos em qualquer uma dessas cidades. Uberlândia, portanto, é, no melhor sentido, nossa aliada."

Eu [me] pergunto se a estrutura da Algar em 2011 ainda comporta a ímpar figura de Luiz Garcia. A sobrinha Eliane acredita que sim: "Ele quebra a lógica e dá o tom, entende? Cada vez mais, tenho certeza de que o nosso maior valor é sermos uma empresa familiar altamente profissionalizada. A gente sabe que nas 'empresas sem dono' os valores podem se perder e que, em termos de governança corporativa, isso é perigoso".

Aquela "mania" do presidente de visitar empresa por empresa, diretor por diretor, sala por sala, canto por canto, cidade por cidade, dava o que falar. Os associados do Grupo Algar, principalmente da base, adoravam a onipresença do "grande mito", que, além de tudo, acelerava as providências. No complexo sistema de gestão atual, é mais difícil o CEO agir assim.

Assim, têm-se pessoas transformando negócios, negócios mexendo com sociedades, sociedades valorizando cada vez mais pessoas que iluminam os próximos...

— Estou de saída.
— Saída?
— É. Saindo para duas semanas de veleiro no Mediterrâneo. [risos]
— Ah, bom.
— Quero participar dos principais acontecimentos das empresas, claro, mas não vou morrer na mesa de trabalho como o meu pai, não, viu?
— Que ótimo!
— Inclusive, ontem, decidi que vou viver até os 100 anos! Assim, poderei conferir o resultado dos contratos de longo prazo que ainda vamos assinar. Abraço.

Agradecimentos

Primeiro ao consultor Marco A. Oliveira por ter me recomendado ao diretor de cultura corporativa da Algar, Celso Machado, que imediatamente aderiu à minha ideia de produzir um Perfil ao estilo Jornalismo Narrativo em vez de uma Biografia *stricto sensu*. Celso também me permitiu acessar o amplo acervo de História Oral coletado pelo Centro de Memória Algar em parceria com o Museu da Pessoa, atitude que deu ainda mais fluência ao processo de pesquisa primária.

O engajamento dos entrevistados é também memorável. Por telefone, e-mail ou pessoalmente, todos deram um jeito de alterar suas agendas para participar da narrativa, como se o protagonista fosse um daqueles assuntos imperdíveis, que movem montanhas. Alguns preferiram enviar depoimentos por escrito ou simplesmente indicar fontes. Quanto ao próprio Luiz Alberto Garcia, ele foi tão discreto quanto franco, nunca me facilitando a (sua) vida totalmente, o que admiro.

O Grupo

A ALGAR É um grupo empresarial de controle da família Garcia com gestão profissional. A sede fica em Uberlândia, Minas Gerais. O Grupo atua em todo o Brasil nos segmentos de TI/Telecom, Agro, Serviços e Turismo.

Sua primeira atividade data de 1929, com uma máquina de beneficiar arroz. Mas a empresa responsável pelo crescimento e pela consolidação do Grupo foi a Companhia de Telecomunicações do Brasil Central (hoje Algar Telecom), constituída em 1954.

O nome Algar vem das iniciais de seu fundador: Alexandrino Garcia, pai do protagonista do livro e imigrante português, que veio ainda menino para o Brasil e se dedicou a servir à região. Seu histórico inspirou a visão de mundo que até hoje sustenta o Grupo: "Gente servindo gente".

A missão é "desenvolver relacionamentos e negócios sustentáveis que gerem valor percebido". Os valores que a ancoram são: integridade; sustentabilidade; confiança no Brasil; o cliente é a razão de existirmos; todo ser humano possui talento.

Na Algar, as pessoas não são consideradas "recursos humanos", mas sim "talentos humanos". Por isso, em vez de *funcionárias*, as pessoas são tratadas como *associadas*, dentro de um modelo de gestão denominado Empresa Rede, que valoriza, reconhece e promove a contribuição de todos.

Desde os anos de 1990, além das suas atividades de negócios, o Grupo conta também com uma universidade corporativa, a UniAlgar, que objetiva desenvolver e promover talentos, formando líderes empreendedores.

Em 2002, nasceu o Instituto Algar, responsável pela gestão do investimento social do Grupo, que contribui para a melhoria da educação em escolas públicas no Brasil.

Para saber mais sobre a Algar e seus negócios, visite o site: *www.algar.com.br*.

Marcos históricos das telecomunicações

1876 - Alexander Graham Bell obtém a patente da invenção do telefone.

1877 - O primeiro telefone do país é instalado no Rio de Janeiro.

1878 - O primeiro telefone público é instalado nos Estados Unidos.

1879 - D. Pedro II autoriza o funcionamento da primeira empresa de telefonia no Brasil.

1883 - A primeira estação telefônica do Brasil é instalada em Santos, com 75 assinantes.

1884 - Os primeiros telefones começam a funcionar na cidade de São Paulo.

1885 - Lars M. Ericsson revoluciona o *design* do telefone (bocal e fone na mesma peça).

1892 - Almon B. Strowger inaugura, nos Estados Unidos, a primeira central telefônica automática.

1893 - Acontecem as primeiras transmissões de sinais telegráficos e de voz humana sem fio.

1922 - Os serviços de telegrafia e telefonia via rádio são introduzidos no Brasil.

1946 - Surge o primeiro computador eletrônico, o Eniac, nos Estados Unidos.

1956 - O primeiro cabo telefônico transatlântico começa a funcionar entre os Estados Unidos e a Grã-Bretanha.

1958 - Ocorre a primeira discagem direta a distância (DDD) no Brasil, entre Santos e São Paulo.

1960 - O Brasil tem 1.200 empresas telefônicas de médio e pequeno porte.

1962 - O primeiro satélite mundial, o Telstar, é construído pelos Laboratórios Bell. É criado o Código Brasileiro de Telecomunicações (CBT), que, entre outras atividades, atribuiu à União a competência para explorar diretamente os troncos do Sistema Nacional de Telecomunicações.

1965 - A Embratel é criada, assumindo a exploração dos serviços internacionais à medida que expiram os prazos de concessão às empresas estrangeiras.

1966 - A fibra ótica começa a ser aplicada em telecomunicações. O Ministério das Comunicações (MC) é criado no Brasil.

1971 - A Intel anuncia o invento do microprocessador, base dos futuros computadores.

1972 - Entra em operação a *holding* Telebrás, vinculada ao MC. São instalados os primeiros telefones públicos ("orelhões") do país.

1975 - O Brasil integra-se ao sistema de discagem direta internacional (DDI).

1978 - A telefonia móvel celular é ativada no Japão.

1982 - É inaugurada, em São Paulo, a primeira central de CPA (Central de Programa Armazenado).

1988 - Nova Constituição cria 27 empresas estatais de telefonia. Na época, além da CTBC (privada), três outras companhias independentes (porém estatais) participavam do Sistema Telebrás: CRT, controlada pelo Governo do Rio Grande do Sul; Sercomtel, pela Prefeitura de Londrina (PR); e Ceterp, pela Prefeitura de Ribeirão Preto (SP).

1990 - A primeira cidade brasileira a usar a telefonia móvel é o Rio de Janeiro, seguida, em 1992, por Uberlândia e Franca (ambas da CTBC).

1995 - É implantada a Internet comercial no Brasil. Fim do monopólio estatal.

1996 - A CTBC é uma das primeiras a introduzir tecnologia digital no Brasil.

1998 - A Telebrás é privatizada. Começa a era de competição no setor. CTBC destaca-se pelo primeiro serviço de celular pré-pago.

1999 - Em São Paulo, a Telefónica (espanhola) introduz a tecnologia ADSL (*asymmetric digital subscriber line*), que possibilita enviar e receber dados e imagens em alta velocidade.

2000 - Escolhe-se a faixa de 1.8 MHz para o PCS (*personal communication service*).

2001 - CTBC Celular e CTBC Telecom são as primeiras empresas do país a obter a certificação ISO 9002 na área de atendimento ao cliente; licenças GSM começam a ser assinadas.